Cão Guardião de Gado

Luis Silva

Conteúdo

Introdutório   1
Diferença entre cão de guarda e cão de pastoreio   2
Cão pastor   2
Cão de pastoreio   3
Cão de pastoreio   5
Treibhund   6
Cão de pastoreio ou paddock?   7

Um retrato de cães de guarda   9
Personagem   10
Características físicas   12
Comportamento e condução   13
    Comportamento territorial   13
    Comportamento protector   14
    Integração na família   14
Tarefas de um cão de guarda   15
Requisitos de um cão de guarda   16
Características especiais – Como cresce um cão de guarda   17
    Visão geral do primeiro ano de vida de um cão de guarda   21
Nutrição de um cão de guarda   25
Cães de guarda na Europa   27

Que raças pertencem aos cães de pastoreio?   28
Maremma Abruzzo Cão Ovelha   29
Cão da montanha dos Pirenéus   33
Owtscharka caucasiano   38
Kuvasz   43
Kangal   46
Aïdi   49
Cão pastor de Tatra   52

Bergamo Shepherd Dog	54
Komondor	57
Slovensky Cuvac	60
Akbash	61
Cães de montanha suíços	64
Grande cão de montanha suíço	65
Cão da Montanha Bernês	67
Appenzeller Mountain Dog	70
Cão de Montanha Entlebuch	72
Cão Pastor Alemão	75

Educação	**80**
Geral	80
Ligação de cão e dono	82
Pouco tempo sozinho	82
Comandos	83
Limites claros	90
Trabalhar com espaço livre	90
Mantenha a calma	91

Cães de pastoreio em casa	**92**
Criação de espécies adequadas à espécie	92
Utilização da capacidade	93
Desportos caninos	95
Problemas com o cão de guarda?	96
A criação original e o ambiente de um cão de pastoreio	99
Encontro com um cão de guarda – o que fazer?	100
Mitos e contos de fadas	102

Fédération Cynologique Internationale – FCI	**104**
Palavras de encerramento	**107**
Fontes	**109**

Introdutório

Estão provavelmente familiarizados com o termo pastor ou cão de pastoreio. O termo já lhe diz de que tipo de cão estamos a falar. Mas já alguma vez ouviu o termo "cão de guarda"? Mais uma vez, o termo diz-lhe o que tal cão faz: proteger uma manada de animais da quinta. Mas de que está este rebanho a ser protegido e porque é que isso é necessário? Quais são as tarefas deste cão e cada cão pode ser um cão de guarda? Além disso, é também abordada a questão de saber se um cão de guarda pode ser mantido como cão de família.

Se estiver interessado nas diferentes raças de cães de guarda, seja como pessoa privada ou como proprietário de gado comercial, deve informar-se em pormenor sobre estes cães. Este guia sobre cães de guarda fornecer-lhe-á esta informação e explicá-lo-á a si. Aprenderá muitos conhecimentos de base e terá uma visão das raças de cães mais comuns que pertencem aos cães de guarda.

Mergulhe no mundo único destes cães extraordinários.

Diferença entre cão de guarda e cão de pastoreio

Cão de guarda é bastante diferente de um cão de pastoreio, de um cão de pastoreio ou de um cão de condução. Esta importante diferença ser-lhe-á explicada de forma informativa nos capítulos seguintes, conhecendo as diferentes tarefas dos cães individuais. Além disso, é importante conhecer as diferenças para que seja possível manter o respectivo cão de uma forma adequada à espécie. Em qualquer caso, o que todos eles têm em comum é que todos eles são cães de trabalho. São criados com características especiais e também gozam de formação individual para que possam fazer justiça às suas tarefas.

CÃO PASTOR

O termo "cão de pastoreio" é geralmente utilizado para todos os cães envolvidos em qualquer tipo de trabalho com uma manada de animais da quinta. Contudo, também se diz que o cão pastor significa o verdadeiro cão de guarda. Por exemplo, o Pastor Alemão e o Pastor Belga são chamados cães de pastoreio. No entanto, estes cães asseguram antes que a manada se mantém junta e, portanto, não exercem uma função protectora.

Provavelmente está a pensar no Border Collie, porque este é familiar a muitos amantes de cães. É excelente a arredondar um rebanho de ovelhas teimosas e também a levá-las para onde o pastor quer que elas vão. Mas mesmo neste trabalho, o rebanho não está protegido contra predadores.

É para isso que servem os cães de guarda puros. Não têm a tarefa de conduzir o rebanho para qualquer lugar, nem de retirar animais individuais do rebanho. O único objectivo destes cães é afastar os predadores ou ladrões de animais.

Agora aprenda sobre as tarefas individuais dos diferentes cães de pastoreio.

CÃO DE PASTOREIO

Um cão de guarda protege o rebanho de gado de um pastor. Este rebanho pode ser constituído por vacas, cabras, ovelhas ou mesmo gansos. O pastor move-se com o seu rebanho para os deixar pastar em lugares diferentes.

No entanto, esses rebanhos de gado também pastam em pastos muito grandes em reservas naturais e o pastor não está continuamente no local e pode guardar os seus animais. Isto pode, portanto, ser associado a grandes perigos para o rebanho, porque não é desconhecido que também há cada vez mais lobos na Alemanha, e para eles as ovelhas, cabras ou gansos são um jantar de boas-vindas.

É aqui que entra o cão de guarda. Este cão é responsável por assegurar que ninguém, a não ser o pastor, se aproxime sequer do rebanho para o prejudicar. Isto aplica-se tanto a humanos como a animais.

A propósito, todos os tipos de cães pastores existem há milhares de anos. Os cães foram domesticados há muito tempo e desde então têm acompanhado os humanos como cães de guarda.

Com o tempo, as tarefas foram divididas entre diferentes cães, porque se verificou que um cão era melhor para manter o rebanho junto e o outro era melhor para o defender. Assim, gradualmente foram criadas raças diferentes. O cão de guarda, por exemplo, tem um instinto de protecção muito bem desenvolvido, que não é tão forte no pastoreio ou na condução de cães.

Há alguns anos atrás, os cães de guarda ainda estavam muito desacreditados. Muitas pessoas assumiram que um cão de guarda era um animal particularmente agressivo e que também tinha um limiar muito baixo de irritação. Foi dito que atacaria imediatamente qualquer pessoa que se aproximasse do rebanho ou da sua família sem aviso prévio.

De facto, costumava ser prática comum que estes cães fossem treinados para serem tão agressivos com exercício e força. Felizmente, hoje em dia as coisas são diferentes. Os cães de guarda recebem um treino muito bom sem violência. Estão preparados para as suas tarefas futuras com amor, muita paciência e consistência. Um cão de guarda sabe quando o perigo é iminente e tem de intervir. Caso contrário, será um companheiro fiável, calmo e obediente para o seu proprietário.

Descobrirá que raças são particularmente adequadas como cães de guarda e a que grupo pertencem no FCI, num capítulo posterior.

CÃO DE PASTOREIO

Um cão de pastoreio manda o rebanho juntamente com o pastor. Ele assegura-se de que todos os animais permanecem juntos. Se um dos animais do rebanho se afasta dos outros, o cão de pastoreio certifica-se de que regressa em segurança à sua própria espécie. E para que o resto do rebanho não fique desprotegido durante este tempo, há normalmente vários cães de pastoreio em serviço. Além disso, um cão de pastoreio trabalha principalmente em conjunto com o pastor e presta atenção aos sinais que lhe são dados. No entanto, se necessário, um cão de pastoreio também pode decidir por si próprio o que fazer.

Hoje em dia, é claro, esses cães de pastoreio ainda são utilizados, porque ainda há pastores que se deslocam com os seus animais, mas a população diminuiu significativamente. Raças específicas chamadas cães de pastoreio estão hoje em dia cada vez mais a encontrar um lugar na vida familiar normal.

No entanto, mantê-los nem sempre é fácil, porque o instinto inato de querer guardar um rebanho ainda está presente. Por conseguinte, deve assegurar-se que tal cão não se aborrece, porque quer sempre ter algo para fazer. É por isso que estes animais são cada vez mais frequentemente encontrados em clubes de cães e em desportos caninos, porque aqui lhes são dadas as tarefas que amam e executam com coração e alma. Para estas raças, podem ser considerados, por exemplo, o mantrailing ou a dança de cães. A agilidade canina é também excelente para estes cães. São muito ágeis e ágeis e ágeis. Poderá também conseguir uma raça como esta interessada em jogar com Frisbees ou no desporto de Treibball. Há muitas maneiras de manter o cão ocupado.

As raças populares que pertencem à categoria de cão de pastoreio são, por exemplo, o Border Collie, o Pastor Australiano, o

Collie de pêlo curto, o Collie de pêlo longo, o Pastor Alemão, o Pastor Belga, o Collie Barbudo e muitos mais.

No FCI, os cães de pastoreio estão listados no Grupo 1, Cães de Pastoreio e Cães de Gado. Na secção 1, todos os cães pastor são listados e na secção 2, todos os cães de pastoreio.

CÃO DE BOI

Um cão de pastoreio assiste o pastor na condução do seu gado. Um possível local de utilização para um cão deste tipo seria, por exemplo, a condução de pastagens de montanha nos Alpes. Mas a condução diária do rebanho desde o pasto até ao estábulo ou vice-versa é também uma das tarefas de um cão de pastoreio.

As áreas de trabalho para estes cães podem ser bastante diferentes. Nos Alpes, Appenzell ou Bernese Mountain Dogs são utilizados principalmente para este trabalho, enquanto na Austrália, é mais provável que seja utilizado um cão de fila de gado australiano, uma vez que os requisitos aqui são muito mais difíceis.

Os cães que têm de cumprir estas tarefas são especificamente criados para o fazer. As raças que já têm os pré-requisitos genéticos são aqui utilizadas. No passado, eram utilizados para conduzir animais da quinta, tais como bois, carneiro ou touros, para outro local. Aqui, eram necessários cães grandes e fortes que também soubessem defender-se contra os grandes animais da manada e fossem capazes de se afirmar. Foram capazes (e ainda hoje são) de se esquivar aos pontapés e conduzir os animais para a frente, ladrando ou mordendo deliberadamente os seus fetlocks sem causar stress dentro do rebanho.

A maioria das raças pequenas e médias são utilizadas como cães de pastoreio, porque são rápidas e ágeis.

Os cães de montanha também foram utilizados como cães de guarda no passado, mas estas raças são menos adequadas para esta tarefa, pois não possuem necessariamente as qualidades necessárias, tais como um elevado grau de independência ou territorialidade.

Esta área de utilização também se tornou muito escassa neste país, razão pela qual estas raças também se encontram cada vez mais frequentemente como cães de lazer. No entanto, manter um cão assim também requer alguma compreensão por parte do dono, porque a disposição hereditária para conduzir uma manada ainda está presente e quer ser vivida. Portanto, as raças que são consideradas cães de pastoreio só pertencem em mãos experientes.

Os cães de montanha e de gado são listados pela FCI na Alemanha no Grupo 1, Secção 2. Todos os cães de montanha e de gado estão também aqui listados como cães de gado, mas no Grupo 2, Pinscher e Schnauzer, Molossoid, cães de montanha e de gado suíços e outras raças. Há três secções neste grupo. Na secção 1 são listados Pinschers e Schnauzers, na secção 2 Molossianos e na secção 3 Cães de Montanha e Gado suíços.

CÃO DE PASTOREIO OU PADDOCK?

O termo genérico para tais raças de cães é "cão pastor". Contudo, isto não se refere apenas ao Cão Pastor Alemão e ao Cão Pastor Belga. Os Velhos Cães Pastores Alemães e os Cães Pastores Holandeses são também dignos de uma menção especial.

Um cão de pastoreio está em movimento com o pastor e o seu rebanho. São necessários vários cães para manter o rebanho unido. Eles têm o seu lugar ao lado e certificam-se de que os animais do rebanho não se afastam demasiado uns dos outros. O rebanho não deve espalhar-se ou deixar os caminhos prescritos.

Uma vez encontrado um local de pastagem e repouso, o cão de pastoreio assegura-se de que todo o rebanho permanece junto e que nenhum animal se afasta. Se no entanto for este o caso, o cão conduz o animal da manada de volta. Para o fazer eficazmente, o cão tem três possibilidades de exercer agarras direccionadas (mordedura curta sem causar ferimentos). Ou usa a pega do taco, a pega do pescoço ou a pega das costelas. Só em casos excepcionais é que o cão pode reunir os animais, ladrando. Isto seria apropriado, por exemplo, se vários animais estiverem numa mata pouco clara e, portanto, não forem possíveis pegas específicas. Caso contrário, ladrar é indesejável no pastoreio de cães, pois o rebanho ficaria desnecessariamente assustado e assustado. Um cão de trabalho deste tipo que ladra demasiado é também chamado "pregador de campo" e não gosta de ser utilizado para trabalho de rebanho.

Um cão paddock, por outro lado, tem uma tarefa completamente diferente. Como o termo sugere, este cão está mais ocupado na pastagem, no estábulo ou numa caneta. Os animais do rebanho têm de ser cortados ou desparasitados de tempos a tempos. Aqui é necessário retirar animais individuais do rebanho ou manter os outros animais afastados. Isto também pode ser necessário durante a alimentação. Os cães ágeis e sensíveis são aqui necessários, porque devem trabalhar de forma independente, mas ainda assim ser capazes de prestar atenção ao seu dono mesmo a uma grande distância. Provavelmente a raça mais conhecida para estas tarefas é o Border Collie.

Um retrato de cães de guarda

Este capítulo encontrará toda a informação importante sobre o cão de guarda, que é o tema principal deste guia. Aprenderá que raças são adequadas e que características possuem. Terá também uma visão do trabalho e da vida quotidiana de um cão de guarda.

Infelizmente, o cão de guarda caiu em descrédito, porque repetidamente ouvimos afirmações de que tal cão não é treinável, teimoso e voluntarioso e, portanto, não pode ser integrado numa vida familiar normal. A razão para isto é que um dono de um cão "normal" não pode oferecer a este animal o que ele precisa: uma manada para o proteger. Se não tivesse isto, tornar-se-ia rapidamente um cão problemático com problemas de comportamento. Este aspecto será considerado num capítulo posterior.

No entanto, já se pode dizer aqui que mesmo um cão de guarda com uma educação boa e não violenta pode ser um companheiro extremamente leal e fiel para a família. Se entrar no seu novo ambiente como um cachorro, deverá naturalmente haver menos problemas do que quando já atingiu a idade adulta. Claro que alguns dos comportamentos do cão de pastoreio são geneticamente predispostos, mas o que ele não aprendeu na prática não vai perder, e há muitas oportunidades de formação e emprego para que estas disposições particulares sejam postas em prática. Este tópico será também discutido mais tarde com mais detalhe.

Agora conheça o cão de guarda em teoria.

PERSONAGEM

Em geral, apenas alguns traços de carácter podem ser definidos, porque os cães de guarda incluem muitas raças diferentes, que serão apresentadas em detalhe num capítulo posterior. O que todos eles têm em comum, porém, é um instinto de protecção muito forte e incorruptível. Na realidade, isto é dirigido ao rebanho de gado que este cão é suposto cuidar, mas na vida familiar será então a família humana e os seus bens que ele quer proteger.

Um cão de guarda é muito bem capaz de distinguir se o seu vizinho está a trabalhar no seu jardim ou se um estranho está a mexer nele. O vizinho tem "permissão" para trabalhar no seu jardim e quase não lhe é dada qualquer atenção. Um estranho, no entanto, deve esperar do cão um ladrar alto e gestos ameaçadores, porque é visto como um intruso e inimigo. Isto pode mesmo afectar os veículos motorizados se não houver muito tráfego na vizinhança do cão. O cão de guarda pode distinguir os sons dos carros "residentes" dos sons dos veículos estrangeiros e avisará se algo de anormal se passar aqui.

Além disso, um cão de guarda, ao contrário de outras raças de cães, é particularmente capaz de estabelecer uma ligação íntima com outras espécies animais. Estes não têm apenas de ser animais de criação, tais como ovelhas, cabras ou bovinos. Tal ligação também pode ser estabelecida com cavalos, lhamas, porcos e mesmo várias espécies de aves.

Além disso, um cão de guarda, independentemente da raça a que pertence, não mostra qualquer instinto de caça. Isto ou está completamente ausente ou é tão pouco pronunciado que quase não tem qualquer significado. Em casos isolados pode, evidentemente, acontecer que um cão de guarda também desenvolva um instinto de caça. Neste caso, o criador ou proprietário é chamado a impedi-lo. É claro que tais animais não devem ser utilizados para reprodução, para que esta característica negativa não seja transmitida à descendência.

A propósito, os cães de guarda são predominantemente nocturnos. Este comportamento pode também ser encontrado na sua disposição genética. Os predadores de presas saem geralmente à noite para cuidar do seu bem-estar físico, por isso o cão de guarda também está particularmente alerta à noite para defender a sua família (o rebanho). Durante este tempo, ele patrulhará frequentemente as fronteiras do seu território para detectar imediatamente qualquer perigo possível. Durante o dia, poderá ver um cão de guarda deitado aparentemente a dormir numa colina. Mas longe disso ... mesmo assim o cão tem os seus olhos e ouvidos em todo o lado e nada lhe escapará.

Todos os cães de guarda também têm um grau de independência acima da média. Isto também pode ser problemático na vida familiar, porque o cão gosta de tomar as suas próprias decisões e estas nem sempre se revelam como você gostaria. Um provérbio diz: "Um cão de guarda ouve a palavra ... mas não é o primeiro". Isto é muitas vezes verdade, pelo que uma ligação muito estreita entre si e o seu cão é extremamente importante. Se o cão de guarda confia em si incondicionalmente, então também actuará de acordo com os seus desejos e regulamentos, embora por uma boa natureza e não por obediência.

No entanto, os cães de guarda são muito sensíveis e delicados e têm um carisma quase mágico. É por isso que estas raças estão a tornar-se cada vez mais populares. Mas não devem de forma alguma ser considerados como um símbolo de estatuto. Estes cães pertencem a mãos absolutamente experientes e não são cães principiantes com os quais o dono se possa enfeitar.

Além disso, apesar da sua existência real entre os animais da quinta, os cães de guarda são muito orientados para as pessoas e procuram o contacto com os seus cuidadores. Aqui podem desenvolver-se laços muito estreitos, ainda mais se o cão de guarda viver com uma família em vez de ao ar livre entre o rebanho.

Nenhum cão de guarda é agressivo sem uma razão. Nunca morderia ou atacaria "assim mesmo". É sempre dado um aviso em primeiro lugar ou é feito um gesto ameaçador para afastar o intruso. Se isto for ignorado, porém, os dentes são utilizados muito rapidamente.

É possível ler traços de carácter mais específicos nas descrições individuais da raça.

CARACTERÍSTICAS FÍSICAS

Pode aprender sobre as características e características especiais de cada raça nos retratos de cada raça, mas algumas características físicas são comuns a todas as raças. Um cão de guarda é de estatura extremamente grande e por isso parece muito respeitoso para com o potencial inimigo ou atacante. É de construção poderosa, tem músculos bem desenvolvidos e tem um enorme poder de mordedura, que é, no entanto, muito raramente utilizado.

Todas estas características físicas são muito importantes, porque um cão de guarda deve saber defender-se a si próprio e ao seu rebanho e deve também ser capaz de o fazer. Devido à já imponente estatura de um cão de guarda, a defesa activa através de lutas não será normalmente necessária. Os potenciais atacantes preferem normalmente retirar-se depois de terem reparado no cão de guarda. Por conseguinte, as lutas entre um cão de guarda e um predador são muito raras.

COMPORTAMENTO E CONDUÇÃO

Os cães de guarda são muito diferentes das outras raças de cães. Isto também pode levar a dificuldades na manutenção de um. Descobrir como um cão de guarda "carrapato" durante as seguintes linhas.

Comportamento territorial

Todas as raças de cães de guarda são caracterizadas por um forte comportamento territorial. Isto é o que torna possível a estes cães proteger com sucesso uma manada ou a sua família.

Tudo o que não pertença ao território do cão de guarda é vigiado de forma suspeita. No caso de se manter dentro de uma manada, os limites territoriais são frequentemente limitados pela cerca, mas isto não significa que a vigilância do cão se limite a ela. Tudo o que o cão de guarda pode ignorar, agrada aos seus poderes de observação. Isto é especialmente importante quando o rebanho pasta em grandes áreas sem cercas. Se algo tiver atraído a atenção do cão, este comportar-se-á inicialmente com muito cuidado e não correrá a ladrar em direcção ao desordeiro. Ele observará o intruso de perto. Mas se ele reconhecer um perigo para o rebanho ou para a sua família, ele irá apresentar-se em tamanho real.

O território de um cão de guarda mantido dentro da família também não termina aqui na cerca do jardim. O território do cão estende-se até onde ele pode ver. Os seus vizinhos, por exemplo, também irão beneficiar da vigilância pronunciada do seu cão. Mesmo os caminhos pedonais ou parques infantis que você e o seu cão visitam frequentemente fazem parte disto e são monitorizados.

Comportamento protector

Alguma vez conheceu um cão de guarda? Provavelmente nunca teria acreditado que este cão a bisbilhotar no meio do rebanho é suposto guardá-lo e protegê-lo, especialmente porque também se parece com um urso de peluche grande e fofo com olhos de googly.

De facto, estes cães parecem estar a dormir em paz. Mas não é este o caso. O cão de guarda vigia de muito perto o seu rebanho e o seu território, não perde nada e especialmente ninguém que tente sequer aproximar-se dos animais que lhe são confiados. Se for este o caso, ele coloca-se rapidamente entre a manada e o potencial atacante.

Com este comportamento, o cão de guarda conserva a sua força e energia e pode assim proteger eficazmente o rebanho, ou você e a sua família, com total empenho.

Um cão de guarda não deve perseguir imediatamente todos os potenciais inimigos. Se o fizesse, a sua força esgotar-se-ia rapidamente, porque muitos caminhantes, corredores, ciclistas ou outros animais podem simplesmente passar pelo pasto sem representar um perigo. O cão observa todos os movimentos perto do rebanho à distância e é muito bem capaz de distinguir se um inimigo se está a aproximar ou não. Se sentir o perigo, irá mostrar-se e dar-se a conhecer. Isto é normalmente suficiente para fazer fugir o suposto atacante.

Integração na família

Se quiser levar um cão de guarda para dentro da sua família, deverá antes de mais ter já adquirido alguma "experiência canina". Manter uma raça como um cão de família requer muita paciência e qualidades de liderança. Isto deve-se principalmente ao elevado grau de independência destas raças, porque originalmente protegiam um rebanho de animais da quinta sozinhos, sem instruções dos seres humanos. Os cães de pastoreio são portanto muito auto-confiantes por natureza e possuem também um elevado grau de comportamento protector e territorial. Além disso, faltam-lhes obediência, porque a acção e a tomada de decisões independentes estão ancoradas nos seus genes. Estas raças não dependem dos seres humanos e das suas ordens.

Mas nada é impossível e com um bom treino, a vida familiar com um cão de guarda também é possível. Se for suficientemente socializado, pode também aprender e dominar os simples comandos básicos. Então ele será um excelente companheiro para a vida e agradecer-lhe-á pelo seu cuidado com a sua protecção e atenção.

Mas pense também nas futuras condições de vida do seu cão de guarda. Como pode agora incluir tal raça na sua família, como um cão de guarda deve ser treinado e que oportunidades de emprego existem para tal cão, aprenderá nos capítulos seguintes deste guia.

TAREFAS DE UM CÃO DE GUARDA

As tarefas de um cão de guarda são claramente definidas. É o único responsável pela segurança do rebanho e deve defendê-lo contra potenciais predadores. Se o rebanho for pequeno e pastar numa área controlável, um só cão pode proteger os animais, caso contrário são necessários vários cães. No entanto, mesmo com rebanhos pequenos deve haver sempre um segundo cão para que se possam complementar uns aos outros. Se esta manada estiver em movimento com o seu pastor, haverá também pastoreio e condução de cães para que a manada não se afaste.

Um cão de guarda trabalha sem instruções ou ordens do pastor. Ele vigia independentemente as suas acusações e mantém tudo o que possa ser perigoso.

Para que um cão de guarda trabalhe eficientemente, certas condições devem ser cumpridas. Por exemplo, o cão só pode oferecer protecção aos animais quando estes estão juntos, caso contrário o pastor deve estar no local com cães de pastoreio adequados para manter o rebanho unido. Além disso, a área não deve ser demasiado larga ou ter demasiados arbustos, para que o cão não possa perder nada e possa manter um bom olho em tudo.

Agora isto não parece necessariamente um trabalho árduo para o cão, mas a sua atenção e a protecção que pode proporcionar requerem toda a sua força.

REQUISITOS DE UM CÃO DE GUARDA

Para que um cachorro se torne um bom cão de guarda, são necessárias qualidades que sejam inatas numa raça pertencente aos cães de guarda. Por um lado, estes são um instinto de protecção muito bem desenvolvido e um comportamento territorial igualmente bom e, por outro lado, a capacidade de tomar decisões independentes sem necessidade de motivação humana. Além disso, o instinto de protecção não deve degenerar em agressividade. Isto significa que o cão não ataca imediatamente de forma activa, mas primeiro tenta afastar o perigo, ladrando alto e fisicamente de pé. Só se estas medidas não forem suficientes é que o cão deve atacar por si próprio.

Um cão de guarda bem treinado não representa um perigo para o seu ambiente desde que esse ambiente respeite as regras e não se aproxime demasiado da manada ou se retire quando o cão ataca.

Claro que as condições em que tal cão é mantido são também decisivas para determinar se é seguro e controlável. Se estes não forem dados, um cão de pastoreio pode também tornar-se um animal perigoso para o ambiente.

CARACTERÍSTICAS ESPECIAIS - COMO CRESCE UM CÃO DE GUARDA

O que é realmente especial nos cães de guarda, para além da sua aparência, é a forma como crescem. Tal cão não nasce abrigado numa agradável e quente caixa de parto no criador - não, geralmente nasce num estábulo com os animais que mais tarde irá proteger. Idealmente, a cadela mãe vive e trabalha no rebanho e também cria aqui os seus cachorros.

Os cachorros ficam com a mãe até oito semanas e durante este tempo a primeira fase de socialização tem lugar no círculo dos cães de guarda. Os cachorros aprendem da sua mãe a comportar-se com outros cães ou mesmo com lobos. No entanto, eles conhecem as ovelhas, cabras ou vacas e brincam com os seus cordeiros ou vitelos. Isto fortalece a ligação posterior com o rebanho e o instinto protector dos cachorros é assim encorajado e activado.

A partir da oitava semana, os cachorros devem permanecer principalmente em contacto com os animais do rebanho que mais tarde protegerão. Esta é a segunda fase da socialização. Nesta idade, é mais provável que os cachorros desenvolvam uma boa relação com as espécies um do outro. Um cão de família normal formaria a ligação com o seu humano durante este tempo. O cão de guarda deve agora construir e reforçar o laço com as suas futuras cargas. O comportamento social está agora a actuar em relação às respectivas outras espécies animais. Isto pode incluir o domínio e gestos de submissão, assim como mendigar por comida ou brincar juntos. Desta forma, promove-se a vigilância posterior do rebanho, porque estes animais são agora os seus parceiros sociais, ou seja, a sua família.

Quando o cachorro tem cerca de quatro a cinco meses de idade, começa a chamada fase de juventude. O comportamento social adquirido até à data deve agora ser consolidado e reforçado. Isto significa que a partir de agora ele só vive no rebanho de animais da quinta e passa lá o seu tempo. Não há mais brincadeiras aqui, nem com humanos, nem com outros cães. O único contacto com um cão de guarda experiente é que está no rebanho ao mesmo tempo, que exerce uma função pedagógica em relação ao cachorro. Durante este tempo, o pequeno aprende que as pessoas e outros cães não têm interesse, a menos que representem um perigo para o rebanho. É claro que o cachorro não fica sem ser observado pelos humanos, porque se se verificar que o "aprendiz" quer deixar a manada em paz e vaguear, este mau comportamento deve ser corrigido imediatamente para que cresça um bom cão de guarda.

Nesta idade, o jovem cão também pode ir para a pastagem com o rebanho. Mas mesmo aqui ele não fica por observar, ainda tem muito a aprender para isso, por exemplo, o trabalho dos cães de pastoreio. É claro que deve tolerá-los na manada e não considerá-los como possíveis predadores. Em contraste, o futuro cão de guarda não deve imitar o trabalho dos cães de pastoreio, porque não deve conduzir o rebanho de A a B, mas apenas protegê-lo. Essa é a sua única tarefa e nada mais. Quando o cachorro atinge a maturidade sexual, a fase de juventude está terminada.

Enquanto que nos cães de família "normais" o instinto de caça se instala na idade de cerca de seis meses, o mesmo não acontece com um cão de guarda. Nestas raças, o comportamento de caça é inexistente ou quase inexistente. Enquanto um lobo, por exemplo, vive o instinto de caça completamente até ao fim (consertar a presa - perseguir a presa - perseguir a presa - morder a presa - matar a presa), num cão de pastoreio esta corrente quebra-se de antemão (consertar a presa - perseguir a presa - perseguir a presa). Num cão de guarda, esta corrente tem um aspecto completamente diferente. Consiste em: Observar - brincar chamar - dominar - shooing - lutar - morder - chamar a atenção - submissão - impor e penhorar. Todos estes comportamentos não têm nada em comum com o instinto de caça, mas servem para defender o rebanho. O cão de guarda não passa aqui pela cadeia rígida do comportamento de caça, mas é flexível e adapta-se à respectiva situação para tomar a decisão correcta.

Um instinto de jogo demasiado pronunciado deve ser travado agora, porque o risco de ferimentos nos animais da quinta é demasiado grande. Se o cachorro mata o rebanho com demasiada frequência, morde animais individuais durante as brincadeiras ou arranca-lhes o pêlo e mordisca-lhes as orelhas, este comportamento deve ser corrigido imediatamente. Quando o cão é adulto, estes comportamentos normalmente já não estão presentes. O cão de guarda torna-se automaticamente mais calmo e assim fiável.

Com cerca de 12 meses, um cão de guarda está completamente crescido e deve agora mostrar o seu aprendiado comportamento de cuidado para com o rebanho que lhe foi confiado. Esta é agora a sua família e ele cuida deles. Com cerca de dois anos de idade, o cão também marcará e protegerá o território em redor do rebanho. No entanto, é possível que o jovem cão de guarda ainda não seja capaz de agir com total independência e esteja dependente da ajuda do seu humano, o pastor, quando entra em contacto com um potencial predador pela primeira vez. Além disso, um cão de guarda experiente deve ainda estar presente entre o gado para ajudar os jovens conspecíficos.

Se o cão de guarda estiver sexualmente maduro, podem surgir problemas. Se um cão macho continuar a "atacar" as ovelhas, pode tornar-se pouco fiável, pelo que este comportamento deve ser travado imediatamente. A vigilância e a vigilância também podem ser prejudicadas se o macho perfumar uma cadela no cio. A cadela em cio, por sua vez, está à procura de um companheiro adequado e pode também tornar-se pouco fiável em relação ao rebanho devido a esta circunstância. Contudo, se uma cadela cria os seus cachorros perto ou com "a sua" manada, isto pode, por sua vez, reforçar a sua vigilância.

Se estes cães não forem necessariamente utilizados na reprodução, a esterilização deve ser considerada para evitar estes problemas. Os cães ficam então mais calmos e relaxados e podem concentrar-se totalmente na sua tarefa como cães de guarda.

Conclusão: Um cachorro que vai ser usado como cão de guarda no futuro deve ter bons antepassados trabalhadores no seu pedigree durante várias gerações. Isto aumenta a possibilidade de que os bons genes das gerações passadas também tenham sido transmitidos ao cachorro.

O cachorro deve ser trazido para o rebanho no momento em que os descendentes nasceram. Alguns animais-mãe com os seus filhos são suficientes no início para que o cão e os animais da quinta se possam conhecer uns aos outros. No entanto, o cachorro pequeno deve ainda poder retirar-se para uma pequena cabana.

Nunca se deve esquecer que o único objectivo de um cão de guarda é proteger um rebanho de ovelhas ou outros animais. Claro que deve ser tratado com respeito e amor, mas não é um brinquedo de peluche. Qualquer conforto para o cão, seja ele a alimentar-se, a fazer animais de estimação ou a cuidar dos animais, deve ser sempre realizado na presença do bando. Desta forma, o cão de guarda pode associar estes confortos às suas cargas e não os abandonará, por exemplo, para obter uma sessão de animais de estimação do seu humano.

A partir de uma certa idade, porém, é também necessário que o jovem cãozinho veja e aceite o "seu" pastor como líder de matilha. Deve aprender a andar com trela e deixar-se tocar em todo o lado para que as futuras visitas ao veterinário não terminem em catástrofe. Além disso, é claro que deve aprender o comportamento adequado para com os caminhantes, corredores, cavaleiros e afins, especialmente como reconhecer perigos ou coisas não perigosas de forma independente.

Visão geral do primeiro ano de vida de um cão de guarda

Etapa 1

Fase de recém-nascido:

Esta fase cobre as duas primeiras semanas de vida do cachorro e ele passa este tempo apenas dentro da sua ninhada. Chamar, procurar calor, rastejar e chupar são os seus primeiros comportamentos, que ele faz por reflexo, mas estes estão a desencadear para os seus cuidados posteriores.

Fase de transição:

Durante a segunda e terceira semana de vida, os dentes começam a crescer e os olhos abrem-se lentamente. O cachorro desenvolve os seus sentidos, como a visão e a audição, bem como a psique e o seu sistema locomotor. As chamadas para a mãe são entretanto ignoradas pela cabra e permanecem sem resposta.

Primeira fase de socialização:

Durante este tempo, que dura até cerca da oitava semana de vida, a audição e a visão do cachorro começam a funcionar. Outros animais no seu ambiente são percebidos e notados. Estabelecem-se os primeiros contactos sociais com os companheiros de parto, humanos e animais do rebanho. O cachorro começa também a comer a comida que lhe é oferecida. Esta é também a altura em que começam as primeiras lutas lúdicas pela comida. Antes de mais nada, a socialização dentro da própria espécie tem lugar. O contacto com animais da quinta pode ter lugar, mas ainda não é de grande importância.

Etapa 2

Segunda fase de socialização:

Esta fase dura até cerca da 16ª semana de vida do cachorro. Durante este tempo, deve deixar os seus companheiros de parto. A partir de agora, o seu futuro espaço de vida é limitado ao rebanho, que mais tarde protegerá. Aqui desenvolver-se-ão os primeiros laços com os animais do rebanho, o cachorro mostrará um comportamento que desencadeia cuidados, mas que já não surge dos seus reflexos. Isto pode ser dominância ou comportamento submisso. Além disso, a mendicidade por comida pode ser mostrada. Os animais do rebanho reagem frequentemente ao cão com o mesmo comportamento. Durante este tempo, são lançadas as bases para o comportamento social futuro do cachorro, razão pela qual este é extremamente importante. Na 16ª semana de vida, a impressão e, portanto, a ligação ao rebanho deve estar completa. Se não for este o caso, este cachorro não será utilizável como cão de guarda. Se esta impressão for bem sucedida, contudo, o cão procurará o contacto submisso com os animais do rebanho. Isto é demonstrado por uma abordagem de cócoras ao rebanho, mendigando por comida ou lambendo e tocando nos narizes. O cachorro envolve os animais da manada ao seu cuidado, fica aconchegado perto dos animais ou brinca com eles. Se o cão quiser defender a sua comida para o rebanho, este é um comportamento normal e é respeitado pelas outras espécies. Durante a segunda fase de socialização, o contacto com outros cães (excepção: cão mais velho como "professor" no rebanho) e com as pessoas deve ser mantido a um nível mínimo. No entanto, o jovem animal deve, evidentemente, estar sempre sob a observação do seu ser humano, para que qualquer mau comportamento que possa ocorrer possa ser corrigido a tempo.

Etapa 3

Juventude tardia:

Durante este período, que dura até ao fim do sexto mês de vida, a ligação com os animais da quinta deve ser reforçada. O cachorro vive dentro do rebanho e tem contacto apenas com estes animais. Desta forma, aprende a dirigir a sua vigilância para eles. Se o cão estiver atento e alerta, o seu comportamento é confirmado e elogiado. Se, por outro lado, deixa o rebanho e se torna desatento, este comportamento deve ser corrigido imediatamente. Aqui a impressão no rebanho não foi bem sucedida e deve ser repetida. Isto pode significar que o jovem cão de guarda tem de ser confinado a alguns dos animais do rebanho durante um período de tempo mais longo, a fim de reconstruir a ligação com eles. No entanto, se o laço estiver lá, o cão ficará voluntariamente com o seu rebanho e sentir-se-á confortável aqui. Seguirá os animais da quinta em todo o lado, mas ainda não é capaz de os proteger e defender por si só.

Etapa 4

Início da vida adulta:

Esta fase de puberdade dura até cerca de 12 meses de idade. A ligação social com o rebanho deve agora ser completa. Agora é importante contrariar qualquer comportamento possivelmente perigoso do cão em relação aos animais da quinta. Isto pode ser, por exemplo, um comportamento de caça em desenvolvimento. Normalmente, está pouco ou nada presente nos cães de guarda e normalmente só ocorre de forma lúdica. No entanto, este comportamento lúdico também deve ser travado, caso contrário os animais do rebanho poderiam sofrer lesões. Uma vez que a caça se tenha tornado um hábito, é difícil quebrá-lo. No entanto, se for cortado na gema agora, este mau comportamento desaparecerá quando o cão estiver completamente crescido. Terá provado a sua fiabilidade e será um bom cão de guarda. Portanto, um cão de guarda jovem e inexperiente nunca deve ser deixado no rebanho sem supervisão, porque um possível mau comportamento permanecerá então sem ser detectado.

Etapa 5

Adulto:

A partir do 12º mês de vida, o cão jovem é um adulto. Agora o comportamento protector em relação ao rebanho cresce com o tempo. Se o cão tem sido fiável e vigilante até agora, o comportamento protector também se desenvolverá positivamente. Uma vez que os potenciais predadores evitarão de qualquer modo enfrentar um cão de guarda (isto deve-se à aparência imponente de tal cão), aprender a afastar um atacante não é necessário. No entanto, o cão jovem ainda precisa de ganhar auto-confiança e deve, portanto, ser utilizado com cães de guarda mais velhos e já experientes. O animal jovem aprende agora o procedimento de rotina dentro do rebanho e ficará satisfeito se não surgirem dificuldades e tudo seguir o seu curso habitual.

Portanto, o treino e a manutenção de um bom cão de guarda não é fácil. Requer muita perícia e não é de todo comparável à manutenção e treino de um cão "normal".

NUTRIÇÃO DE UM CÃO DE GUARDA

A dieta de uma raça pertencente aos cães de pastoreio é também muito invulgar. Considerar de onde estes cães vieram originalmente. Aqui, os alimentos oferecidos não são de todo comparáveis com os da Europa. Afinal, não há supermercado na estepe ou nas montanhas onde se possa comprar comida especial para cães. A comida na pátria destes cães é bastante escassa e contém praticamente nenhumas proteínas e nutrientes.

O organismo e a digestão adaptaram-se de tal forma que um cão de guarda pode obter um grande potencial energético deste fornecimento mínimo de nutrientes. Uma vez que tal cão mal se mexe durante o dia e assim conserva as suas reservas de energia, necessita correspondentemente de poucas proteínas e nutrientes.

Se tiver um cão de guarda em casa, por favor não o alimente como um cão de estimação normal. Ele pode ter uma reacção alérgica se for alimentado com demasiadas proteínas, o que não é o objectivo da sua digestão.

Tem sido demonstrado que muitos cães de guarda gostam de comer todo o tipo de produtos lácteos e cereais. Isto deve-se provavelmente aos países de origem, porque aqui a maior parte das refeições dos pastores consiste nestes mesmos alimentos. Os cães são alimentados "a partir da mesa", por assim dizer, o que seria impensável aqui. Além disso, uma grande quantidade de alimentos não é absolutamente necessária. Um animal jovem pode sobreviver com cerca de um quilograma por dia, e os cães mais velhos podem comer 800 g de comida.

Em alguns fóruns sobre cães de guarda, pode-se ver que eles podem tolerar a maioria dos alimentos humanos sem qualquer problema. A estes cães são efectivamente oferecidos pão, arroz e massa. Até os restos de almoço são alimentados para guardar os cães. Um rolo de salsicha de fígado de manhã e o dia pode começar. Também não parece invulgar que o cão passe dois ou três dias sem comer nada. Considerando as condições de vida originais nas estepes ou nas montanhas, isto não é de todo rebuscado e não se deve de todo a doenças. O cão passa a maior parte do seu tempo sozinho no rebanho, o pastor só o verifica de poucos em poucos dias e depois traz-lhe comida. O resto do tempo, provavelmente alimenta-se de ratos capturados ou de pequenos animais semelhantes.

De vez em quando, no entanto, um cão de guarda também fica feliz com uma refeição de carne. Pode experimentar comida convencional enlatada ou seca para cães. No entanto, o seu cão pode preferir pescoços de galinha ou miudezas de galinha. O Rumen também é bem-vindo e, claro, não deve faltar um ou dois ossos adequados.

Em suma, uma dieta pobre em proteínas é primordial, independentemente do método de alimentação que se escolha.

CÃES DE GUARDA NA EUROPA

Os cães de guarda podem proporcionar a maior protecção possível a um rebanho de gado. Tem sido descrito que uma manada guardada por cães sofre menos stress. Os cães de guarda são capazes de repelir lobos, raposas e outros predadores. Há também menos perdas de corvos durante os meses de nascimento, quando um cão está presente. No entanto, há sempre um risco em manter cães de guarda e também atinge rapidamente os seus limites aqui na Europa. Em primeiro lugar, deve considerar-se que na Europa de hoje, com excepção da extensa região alpina, quase não existem áreas grandes e abertas onde os animais de criação possam pastar. Na sua maior parte, as áreas são vedadas em cercados mais pequenos. Se um cão de guarda faz sentido aqui deve ser determinado primeiro. Seria aconselhável manter tal cão, por exemplo, se houver muitos lobos na área em questão ou se tiver havido roubos frequentes de gado nas proximidades. Agora, no entanto, também deve ser lembrado que um cão de guarda pode ser um incómodo sonoro considerável se for mantido perto ou dentro das povoações. Especialmente à noite, pode acontecer que o cão ataque com mais frequência e assim toda a vizinhança fica em alvoroço.

E depois há a aquisição de um cão de guarda. Adquirir e manter um animal tão bem treinado é muito caro, se é que um cão de guarda pode ser obtido de todo. A procura está de facto a aumentar devido ao aumento das populações de lobos, pelo que estes cães se tornaram muito raros na Alemanha.

A maioria das explorações pecuárias carece de experiência e conhecimentos para criar e treinar os seus próprios cães de guarda. Se um cão de guarda for mal treinado ou mesmo mostrar mau comportamento, pode tornar-se um risco para a manada e também para o seu ambiente. Por conseguinte, deve ser sempre dada muita importância a um criador respeitável, onde os cães já são ensinados os seus conhecimentos básicos.

Em qualquer caso, as circunstâncias que podem levar à aquisição de um cão de guarda devem ser bem consideradas. Os problemas em manter tais raças podem tornar-se muito sérios.

Que raças pertencem aos cães de pastoreio?

Agora pode conhecer os diferentes cães de guarda nos retratos de raça. Todos eles têm os mesmos requisitos básicos que um bom cão de guarda deve ter, mas ainda assim podem ser muito diferentes. Talvez encontre aqui o seu favorito.

MAREMMA ABRUZZO CÃO OVELHA

Esta raça é um dos cães de guarda mais conhecidos. É originário de Itália, mais precisamente de uma zona entre Abruzzo e Toscana. Daí o nome da raça. Ainda hoje, pelo menos na sua terra natal, o cão pastor Maremma Abruzzo é utilizado para proteger e defender os rebanhos de ovelhas ou cabras dos lobos locais.

A origem desta raça remonta à antiguidade. Assume-se que os antepassados vieram do Tibete e mudaram-se para oeste com os nómadas muito antes da nossa era. Estavam em busca de terras férteis para os seus rebanhos e assim os cães vieram com eles para cuidar do gado. Estes cães do Tibete são considerados os antepassados de todos os cães de guarda actuais em todo o mundo.

Os nómadas com os seus rebanhos e cães chegaram à Ucrânia após muitos séculos. Aqui o grupo dividiu-se e enquanto um continuou a mover-se na direcção oeste, o outro grupo migrou para o Mediterrâneo oriental.

Com esta divisão, não só as pessoas mudaram, mas também os seus cães. Os respectivos traços de carácter dos cães de guarda, que eram necessários em cada caso, continuaram a desenvolver-se e foram transmitidos aos descendentes. Desta forma, as diferentes raças de cães de guarda desenvolveram-se ao longo do tempo.

Apesar da sua forte estatura, a Maremma Abruzzo Sheepdog é muito elegante. Os machos atingem uma altura de cerca de 73 cm e pesam cerca de 45 kg quando estão em pleno crescimento. As cadelas crescem até cerca de 68 cm de altura com um peso final de cerca de 40 kg. Esta raça tem uma esperança de vida de até 15 anos.

De acordo com o padrão da raça, o tronco deste cão deve ser mais comprido do que a sua altura ao garrote. Isto resulta numa construção harmoniosa, especialmente nas proporções harmoniosas entre as partes individuais do corpo e o tamanho do cão.

Esta raça tem uma pelagem branca de comprimento médio. Um casaco de cor marfim, laranja pálido ou limão é ocasionalmente tolerado. Notará quando acariciar um cão de tal forma que o seu pêlo parece um pouco áspero e desgrenhado, semelhante à crina de um cavalo. No entanto, isto permite a este cão de guarda enfrentar qualquer tempo. O casaco forma um colarinho exuberante e pode haver "franjas" ligeiramente mais longas nas pernas. No focinho, na cabeça, nas orelhas e na parte da frente das pernas o casaco deve ser curto. O corpo pode ter um comprimento de pêlo de até 8 cm com um ligeiro encaracolamento. Durante a estação fria, forma-se um bom sub-pêlo. Devido a esta textura do pêlo, o cão deve ser escovado várias vezes por semana, caso contrário o belo pêlo pode rapidamente ficar sujo e acasalado.

O seu carácter é moldado pela socialização que tem experimentado. Se tiver crescido com animais da quinta e estiver, consequentemente, fixado neles, protegê-los-á bem. Os caminhantes devem ter o cuidado de não entrar na vizinhança imediata de uma manada, caso contrário serão confrontados com um cão de guarda forte que quer estranhos longe da sua manada.

Este cão de guarda é também caracterizado pela sua natureza amigável, a sua inteligência e a sua lealdade. Além disso, trabalha de forma muito determinada e concentrada e, no entanto, mostra sempre um carácter digno.

Se este cão foi socializado no seio de uma família humana, ele vê estas pessoas como o seu rebanho e defende-as com todos os meios à sua disposição.

A protecção de outras espécies está no sangue do cão pastor Maremma Abruzzo, uma vez que ele traz na sua disposição um grande comportamento protector e também uma acção independente pronunciada. Foi criado para poder tomar decisões sem instruções de um humano e para as levar a cabo.

É por isso que este belo cão é também muito teimoso. Aprende com prazer e de boa vontade, mas procurará em vão a obediência submissa em relação ao seu humano. Ele não tem isto e nunca o mostrará. No entanto, ele é quase carinhoso com o seu ambiente e com o seu proprietário. Esta característica é devida aos pastores italianos. Mantiveram a Maremma Abruzzo Sheepdog como cão de guarda, mas também como cão de guarda de quintas. Aqui estes cães têm uma ligação próxima com a família. No entanto, as características originais desta raça tornaram-se mais fracas e foram transmitidas para as gerações seguintes. Esta circunstância levou ao facto de este cão também poder ser mantido como cão de família, mas não será um cão fofinho. Para os membros humanos da família, porém, ele será um guardião fiel e muito afectuoso.

Infelizmente, o cão pastor Maremma-Abruzzo é pouco conhecido na Alemanha e, na realidade, não é realmente útil. Certamente ainda há pastores errantes neste país, mas isto tornou-se relativamente raro. Também quase não há aqui áreas de pastagem livre onde este cão de guarda possa ser utilizado.

Em Itália, Espanha, Inglaterra e EUA, esta raça é mais comum. Aqui o cão pastor Maremma Abruzzo é utilizado como cão de trabalho nos grandes rebanhos de gado e encontra realização.

As condições óptimas de manutenção deste cão são, evidentemente, em primeiro lugar, oferecidas por quintas comerciais especializadas na manutenção de animais de quinta. Aqui o Cão pastor Maremma Abruzzo está no seu elemento, protegendo e defendendo o rebanho. Mas mesmo dentro de uma família sem animais da quinta, este cão pode sentir-se confortável se lhe for dado espaço livre suficiente e um jardim grande e vedado. Naturalmente, o cão deve também ser dotado de actividades apropriadas para que não se aborreça. Precisa de uma tarefa apropriada à sua natureza, pela qual não é adequado para desportos caninos ou agility, porque o cão pastor Maremma Abruzzo não seguirá os seus sinais de mão nem ouvirá as suas ordens.

Poderia dar passeios relaxados e mais longos com este belo animal e talvez goste de puxar um pequeno carrinho com provisões.

No "Verein für das Deutsche Hundewesen" ele está listado sob o número padrão 201.

A FCI classifica-o no Grupo 1, Cães de Pastoreio e Cães de Gado (excepto Cães de Montanha e de Gado suíços), na Secção 1, Cães de Ovelha, sem teste de trabalho.

CÃO DA MONTANHA DOS PIRENÉUS

Esta raça de cão de guarda é originária de França e é também conhecida como a "Patou". Aqui, o Cão da Montanha dos Pirenéus é utilizado nas montanhas como cão de guarda de animais da quinta. A sua esperança de vida é de cerca de 10 a 12 anos.

Na Alemanha, ele dificilmente poderá fazer o seu trabalho original. Por um lado, o nosso país simplesmente não é "livre" o suficiente, o que significa que quase não há grandes áreas de pastagem para ovelhas ou cabras onde o cão possa trabalhar livremente entre o rebanho, e por outro lado, quase não há pastores que necessitem de manter um cão de guarda. No entanto, devido ao aumento constante das populações de lobos, os apelos para tal têm-se tornado cada vez mais fortes nos últimos tempos. Nos Alpes ou nas cadeias montanhosas baixas, ainda são utilizados cães de guarda, aqui pode admirar o cão de montanha dos Pirenéus no seu elemento - mas, por favor, apenas à distância.

O Cão da Montanha dos Pirenéus tem uma aparência grande, imponente e poderosa. Ele pode pesar até 65 kg. No entanto, ele não parece volumoso, mas sim elegante. Os machos crescem até cerca de 80 cm e as fêmeas até cerca de 75 cm. Apesar deste tamanho imponente, estes cães têm grande agilidade, o que lhes permite colocar os inimigos a voar.

O pêlo do Cão da Montanha dos Pirenéus é longo e denso. É flexível ao toque, excepto nos ombros e nas costas, onde o casaco pode parecer frágil. Na cauda e no pescoço a pelagem é mais comprida do que nas outras partes do corpo e pode apresentar aqui uma ligeira ondulação. Esta raça tem também um sub-pêlo muito denso para resistir a todas as condições climatéricas.

A cor do casaco deve ser branco puro. São permitidas marcas de cor cinzenta (texugo ou cinzento lobo), amarelo claro ou ferrugem na cabeça, orelhas e base da cauda. Ocasionalmente estas marcações também estão presentes e são permitidas no corpo, mas a cor do texugo é preferida para os adesivos.

De acordo com o padrão da raça, a cabeça do cão deve ser tão longa quanto larga. O seu nariz é sempre preto e as orelhas bastante pequenas têm uma forma triangular. O cão pode facilmente erguê-las quando algo atraiu a sua atenção. A cauda é então também normalmente transportada erecta sobre as costas.

O Cão da Montanha dos Pirenéus tem uma característica especial: há garras de lobo duplas nas patas traseiras. Também pode haver uma ou duas garras de lobo nas patas dianteiras, mas normalmente não é este o caso. Estas garras têm de ser encurtadas regularmente, porque voltam a crescer, tal como as garras normais, mas não se desgastam. Existe um grande risco de ferimento se o cão for apanhado algures com as garras do lobo.

Os seus traços de carácter caracterizam-se pela sua ligação às acusações que lhe são deixadas, bem como pela sua independência e acção independente. No entanto, ele caracteriza-se por uma grande doçura. Como todos os cães de guarda, este precisa de um líder humano que se possa afirmar sobre ele. No entanto, também não esperem obediência incondicional desta raça. O Cão da Montanha dos Pirenéus também trabalha e age independentemente, sem instruções do seu humano.

Devido à sua sensibilidade e suavidade, o cão de montanha dos Pirenéus é bastante adequado como cão de família. Ele é muito afectuoso para com a sua família humana, mas inicialmente desconfia de estranhos. Ele defenderia a sua família sem hesitação, se necessário. A propriedade deve estar bem acondicionada para que o Cão da Montanha dos Pirenéus não a possa deixar facilmente. Além disso, um sinal deve avisá-lo, porque os caminhantes que passam podem ficar muito assustados com um latido repentino deste cão. Pode ser muito barulhento e barulhento.

Um grande jardim é um pré-requisito para manter este cão. Este belo animal não tem lugar num apartamento da cidade ou num apartamento com vários andares. Como o Cão da Montanha dos Pirenéus gosta muito de estar ao ar livre, ele pode ser mantido no jardim durante o dia. No entanto, deve fornecer-lhe uma cabana para que possa procurar abrigo. Não se esqueça que o seu cão pastor ainda quer ter um contacto próximo com a família e não está simplesmente "esquecido" no jardim.

Este cão também está pronto para longas e extensas caminhadas. Aqui pode mesmo assumir tarefas como puxar um pequeno carrinho com provisões. Os desportos caninos não são adequados para o Cão de Montanha dos Pirenéus, mas o treino como cão de resgate ou de busca de avalanche é.

Esta raça é também considerada muito amiga das crianças, mas as crianças nunca devem ser deixadas sozinhas com o cão. Se quiser manter um cão assim, deve ter muita experiência para que possa dar-lhe uma boa educação e também ser capaz de fazer justiça ao seu carácter forte.

Isto requer muita auto-confiança, pode dar ordens claras, é absolutamente consistente e, no entanto, tem uma paciência amorosa no processo. O Cão da Montanha dos Pirenéus deve aprender que dentro da sua família humana ele não é responsável pela sua segurança, mas que esta é a responsabilidade do ser humano. Aqui é importante que o cão se submeta à família, mostre respeito e possa confiar neles. No entanto, só atingirá este objectivo se o treinar de forma não violenta e sem dureza, caso contrário o cão rebelar-se-á contra si com o seu carácter teimoso e terá então de contar com contra-reacções indesejáveis.

É melhor deixar um Cão de Montanha dos Pirinéus mudar-se consigo como cachorrinho e crescer em contacto muito próximo com todos os membros da família. Deverá também conhecer os animais de estimação já existentes desde o início, depois aprenderá a aceitá-los. O cão será muito cauteloso para com os membros mais fracos da família. A socialização precoce com outros cães e o seu ambiente é muito importante para que ele possa lidar com a vida quotidiana da família. Talvez haja uma boa escola de cães nas proximidades, onde ele possa fazer contacto com outros cachorros da mesma idade e que esteja disposto a integrar um cão de guarda no grupo.

Se desenvolveu um interesse nesta raça canina, tenha em mente que o Cão de Montanha dos Pirinéus tem um apetite muito bom. Um punhado de comida seca não é suficiente, porque um cão deste tamanho precisa de uma certa quantidade de comida, que também deve ser de alta qualidade. É bem sabido que as raças grandes demoram mais tempo a atingir o seu tamanho adulto final. Para evitar problemas de saúde durante o crescimento, uma dieta equilibrada é da maior importância.

Uma vez completamente crescido, este cão pastor é relativamente pouco exigente quando se trata de comida. Deve ter um elevado teor de carne, mas se lhe é oferecida comida seca ou húmida é relativamente pouco importante para ele. Ele tem de gostar, claro, e se descobrir que o seu cão não gosta da comida, deve experimentar uma variedade diferente.

Já na Idade Média, esta raça dos Pirenéus era conhecida como cão de guarda de castelos ou outras grandes propriedades. A primeira documentação do cão da montanha dos Pirenéus remonta ao século XIV e já era muito popular como cão social no século XVII. Mesmo na corte do Rei de França, Luís XIV, foi encontrada a raça Cão de Montanha dos Pirinéus.

Uma primeira descrição detalhada foi dada pelo Conde von Bylandt no seu livro em 1897 e já dez anos mais tarde foi fundado o primeiro clube de raça. Em 1923, o padrão da raça foi estabelecido por este clube e registado na Société Centrale Canine de France (SCC). O padrão actual da raça ainda é muito semelhante ao da época, apenas alguns esclarecimentos foram feitos durante o passado.

Desde os anos 80, o Cão de Montanha dos Pirenéus também se tornou mais conhecido na Alemanha e tem sido criado de forma estável desde então. As doenças hereditárias são pouco conhecidas porque esta raça não é criada em excesso. Apenas algumas ninhadas estão disponíveis todos os anos, pelo que esta raça é rara na Alemanha. O "Klub für Ungarische Hirtenhunde e. V." cuida desta raça porque não está excluída uma relação com as raças de cães de pastoreio do Leste e do Sul da Europa.

A VDH lista este cão sob o número padrão 137.

No FCI encontrará esta raça no Grupo 2, Pinscher e Schnauzer - Molossianos - Cães de Montanha e Gado Suíços e outras raças. Está listado aqui na secção 2.2, Molossóides, Cães de Montanha, sem teste de trabalho. O Cão da Montanha dos Pirenéus está aqui registado com o seu padrão de raça desde 1955.

OWTSCHARKA CAUCASIANO

O Ovcharka caucasiano teve a sua origem na ex-URSS. É também conhecido como o Cão Pastor Caucasiano. Os machos crescem até 75 cm de altura e pesam cerca de 50 kg, mas também é possível um peso de até 100 kg. As cadelas crescem até 70 cm e têm um peso de cerca de 45 kg. Contudo, o peso da Owtscharka caucasiana não é decisivo para o padrão da raça.

Não se conhecem doenças muito frequentes nesta raça. O Cão Pastor Caucasiano é considerado muito robusto e não muito susceptível a doenças. É também muito fácil de cuidar. Uma escovagem ocasional do casaco é normalmente suficiente. Só durante a mudança sazonal do casaco é que isto deve ser feito com mais frequência.

Esta raça também impressiona com o seu tamanho imponente. O Kaukase é fortemente construído, mas ao mesmo tempo muito ágil e atlético. No entanto, estas características físicas não foram criadas nele, como acontece com algumas outras raças de cães, mas são-lhe dadas pela natureza, ou seja, geneticamente predispostas. É um observador muito atento do seu ambiente, o que por sua vez o beneficia quando trabalha como cão de guarda.

Como todos os cães de guarda, ele está equipado com um pêlo longo para que possa passar a maior parte do seu tempo no exterior. É de uma textura muito densa mas grosseira. A subcapa abundante é de cor mais clara do que a camada exterior. Muito raramente esta raça é também encontrada com uma pelagem curta. As pernas e a cabeça são cobertas com um casaco mais curto.

Três variedades estão representadas no padrão da raça:

1. o casaco é de pêlo comprido e há um rufo no pescoço. Os quartos traseiros são profusamente revestidos e as costas das pernas têm franjas mais longas. A cauda está completamente coberta de pêlos compridos.

O casaco é de pêlo curto, mas muito denso. Não se forma nenhum rufo, nas pernas e na cauda há também apenas um casaco curto.

3. uma mistura de ambos os tipos de casacos. O revestimento exterior é alongado mas não forma um rufo. As pernas e a cauda também só têm pêlo curto.

As cores desejadas pelo FCI são várias tonalidades de cinzento, branco, tons de terra, amarelo palha e tons de ferrugem claros. Também são permitidas listras, listradas e manchadas.

O Owcharka caucasiano é um guardião e protector excepcionalmente bom do rebanho que lhe foi confiado. Ele tem uma grande necessidade de protecção e defende activamente o seu rebanho quando o perigo ameaça. No entanto, ele é muito calmo e equilibrado. Normalmente posiciona-se em pontos mais altos do terreno para ter uma boa visão do mesmo. Este cão desconfia de estranhos e observa-os com atenção até que tenha sondado a situação e possa avaliá-la. Este comportamento é também natural para a Owtscharka caucasiana. Caso deseje manter este cão sem que ele tenha quaisquer deveres especiais de guarda ou protecção a desempenhar, deve abster-se de continuar a encorajar este instinto natural, pois demasiado depressa ele pode ficar fora de controlo. Então, o cão torna-se um perigo para o público em geral.

Esta raça não é um descascador, mas avisará e atacará assim que algo "agitar" no seu território. O seu latido pode ser muito alto e insistente, mas este "latido" também é geneticamente determinado e deve ser tolerado.

A socialização com outros cães só é possível se isto for feito quando o cão ainda é um cachorro. Caso contrário, a Owtscharka caucasiana é muito incompatível com outros cães.

A fim de poder manter este cão aqui na Alemanha, são necessários certos requisitos. Acima de tudo, ele precisa de muito espaço, ou seja, de um jardim muito grande e bem vedado, para que se possa movimentar livremente. Ele é muito territorial e reivindica um grande território para si próprio. É claro que uma grande propriedade com animais de quinta que ele possa proteger seria o ideal. Esta é a única forma de manter o Ovcharka Caucasiano de uma forma adequada à espécie, mas infelizmente isto é dificilmente possível na Europa de hoje, porque propriedades privadas de tamanho tão grande que poderia ser suficiente como local de trabalho para o Cão Pastor Caucasiano são raras. Caso contrário, o cão pastor caucasiano faz poucas exigências ao seu ambiente. Na grande área que lhe é fornecida, ele quer um abrigo, que é tudo o que precisa, excepto, claro, a relação com a sua família. Por favor, abstenham-se de o manter num canil ou acorrentado (isto, claro, deve estar fora de questão para todos os cães). Com todo o amor, pensem também nos custos mensais que tal cão provoca. Nunca se deve subestimar estes.

Se as condições locais estiverem certas e tiver decidido passar a sua vida com um Ovcharka caucasiano, terá ao seu lado um amigo leal e atencioso para a vida. Esta raça pode formar uma ligação muito estreita com o seu cuidador. Para isso, contudo, deve poder ser muito autoritário em relação ao seu cão. Precisa de directrizes claras, caso contrário o cão assumirá o controlo. Deve ter uma experiência canina acima da média para poder conduzir este cão. O Owtscharka caucasiano deve ser muito bem socializado para que seja possível uma coexistência harmoniosa com ele. Por conseguinte, deve ser sempre notado: Este cão não é um cão de principiante.

O caucasiano tem relativamente pouca vontade de se mover. Ele não gosta de longas caminhadas ou mesmo de correr na bicicleta.

No entanto, tenha também em mente que o Pastor Caucasiano é um cão de guarda com um certo potencial de agressão para com estranhos. Na sociedade actual, é dificilmente tolerado ter consigo um cão tão "afiado", mesmo que essa "afiação" não tenha sido treinada mas esteja na natureza do cão. Seria bastante possível que esta raça fosse classificada como perigosa e mantida como um cão chamado listado. Caso ocorram incidentes, uma eutanásia ex officio não está fora de questão.

O Ovcharka caucasiano é originário da Rússia. Aqui também é chamado o Cão pastor caucasiano ou o Kavkazskaïa Owtscharka. Encontra-se em toda a Rússia e na ex-URSS, pelo que também existem diferenças de aparência no exterior. Embora esta raça seja mais compacta e mais pesada construída nas montanhas, é mais alta e mais leve na estepe. No entanto, não diferem em carácter, porque foram todos criados com um único objectivo: proteger os rebanhos, as pessoas e os seus bens.

A raça é conhecida há mais de 600 anos, mas provavelmente existe, pelo menos de forma semelhante, há mais de 10.000 anos. Noutros países, a Kaukase foi mantida pela primeira vez na ex-RDA e nos países vizinhos do Bloco de Leste. Aqui eram bons cães de trabalho, especialmente nos militares. Na Alemanha Ocidental, a Owtscharka caucasiana foi introduzida pela primeira vez em Colónia em 1977.

Esta raça tem sido gerida na Alemanha pelo "Kaukasischer Owtscharka Club" desde 1981. Este clube pertence ao VDH. A Owtscharka caucasiana só foi oficialmente reconhecida pelo FCI desde 1984. Aqui, porém, não há mais subdivisões separando o Estepe Caucasiano da Montanha Caucasiana, há apenas um padrão de raça para ambos os tipos. Nesta raça extremamente grave, apenas entre 10 e 60 cachorros estão disponíveis neste país todos os anos. Felizmente, o cruzamento com outras raças é muito raro, porque o Owtscharka caucasiano é potencialmente perigoso e os cruzamentos descontrolados só trariam ao mundo "cães de combate" indesejados.

A Owtscharka caucasiana tem o número padrão 328. O padrão da raça é mantido pela Rússia.

A FCI lista esta raça no Grupo 2, Pinscher e Schnauzer - Molosser - Cães de Montanha e Gado Suíços, na Secção 2, Molossóides, 2.2 Cães de Montanha, sem teste de trabalho.

KUVASZ

O Kuvasz é uma raça de cão de pastoreio húngaro com uma esperança de vida de cerca de 12 anos. As doenças frequentes ou herdadas são pouco comuns nesta raça, geralmente goza do melhor da saúde se tiver tido lugar uma criação correspondentemente boa.

No passado, era frequentemente utilizado para proteger uma manada de animais da quinta, porque tem as características típicas de um cão de guarda. Hoje é mais um cão de guarda de casas, quintas ou propriedades com os seus habitantes e os seus bens de valor. O Kuvasz também serviu como cão de caça e cão de caça perfumado.

Como todos os cães de guarda, o Kuvasz tem um tamanho imponente, que pode atingir os 76 cm, e uma construção forte mas harmoniosa. Ele pode pesar até 62 kg e ainda é extremamente ágil e atlético.

O Kuvasz tem um casaco ondulado de comprimento médio. É de uma textura muito densa com um sub-pêlo igualmente denso para permitir a este cão permanecer ao ar livre com o rebanho em todas as condições meteorológicas. O casaco branco, por vezes de marfim sente-se um pouco duro e rígido. No entanto, com escovagens ocasionais, não se torna mate. O pêlo é relativamente curto na cabeça, orelhas e patas, mas forma-se uma luxuriante crina à volta do pescoço, que é mais pronunciada nos machos do que nas fêmeas.

O Kuvasz tem um carácter forte e continua a ser muito territorial. Ele tem as suas próprias opiniões sobre o comportamento e conduta de si próprio, mas também daqueles que se encontram no seu território. Esta raça toma decisões independentes, como é comum nos cães de guarda, porque normalmente vive com uma manada de animais da quinta, que vigia e protege dos predadores; e isto sem a intervenção e presença de qualquer humano.

O Kuvasz provém originalmente da região turco-asiática. O nome da raça é derivado das palavras "Kawass" ou "Kawash". Isto significa no sentido mais lato "segurança armada" ou "arqueiro armado".

Numa área da Mesopotâmia, foram encontrados antigos comprimidos de argila durante as escavações. Sobre estes, cães semelhantes aos Kuvasz são imortalizados, que foram chamados "KU-AS-SA". Assume-se ainda que cães semelhantes chegaram ao que é agora a Hungria já em 375 durante a grande migração de povos.

Registos seguros do século XV provam que o Kuvasz foi utilizado na corte do rei Matthias da Hungria e da Croácia em caçadas de ursos e lobos e também foi aqui criado. Nestes círculos, os melhores resultados de criação desta raça foram também transmitidos como presentes.

Entretanto, foi provado que o Kuvasz está intimamente relacionado com o cão tibetano e, portanto, também descende dos molossianos.

Como cão de família, esta raça só pode ser considerada de forma limitada. Antes de mais, isto requer um dono que já tenha adquirido muita experiência com cães e possa ser um líder autoritário de matilha para os Kuvasz. Os requisitos de criação também devem ser os correctos. Um Kuvasz não tem negócios num apartamento na cidade, porque precisa de muito espaço. É melhor guardá-lo numa quinta com uma grande propriedade, que ele possa guardar.

Se as circunstâncias estiverem certas, os Kuvasz podem ser um óptimo protector para a família e para os seus outros animais de estimação. Ele guarda amorosamente a "sua" família e vigia a propriedade.

Este cão é desconfiado e desdenhoso para com estranhos. Primeiro considera todos como intrusos e inimigos a serem vigiados até ter a certeza de que não há perigo para o seu povo.

Quando os Kuvasz encontram o seu lugar na família, ele gosta de brincar com todos os membros da família. Mesmo quando o cão é um pouco mais velho, brincar ainda é divertido e agradável. Esta raça não tem uma manutenção muito elevada, uma escovagem semanal do pêlo é suficiente e se houver algo que ele possa e possa guardar, ele está satisfeito com a sua vida. Ele também não tem necessariamente de dormir em casa. Um Kuvasz gosta de estar sempre do lado de fora, mas ainda deve ter um abrigo disponível. No entanto, a ligação com a família não deve ser esquecida, porque uma ligação estreita é muito importante para este cão e ele fica feliz quando a sua família toma conta dele e lhe presta atenção.

Para socializar correctamente este cão de guarda, é necessário construir uma relação de confiança e uma forte ligação com ele. Aqui é necessária uma educação absolutamente não violenta, caso contrário conseguirá exactamente o oposto. Deve também aceitar que ele não obedecerá à sua palavra. Um cão de guarda toma as suas próprias decisões e só executa ordens quando estas lhe parecem sensatas. Deve tolerar este facto. Isto não significa, contudo, que os Kuvasz não possam aprender os comandos básicos. Pelo contrário, isto é da maior importância para que se possa controlá-lo quando é importante.

Em 1905, a primeira norma de raça foi emitida e revista alguns anos mais tarde por peritos húngaros. Esta norma foi proposta pela primeira vez à FCI em 1935, mas não foi reconhecida até 1954.

A representação reprodutiva na Alemanha é assegurada por três associações. Estes são o "Klub für ungarische Hirtenhunde e. V.", o "Kuvasz Freunde e. V." e o "Kuvasz-Vereinigung Deutschland e. V.".

Na VDH o Kuvasz está listado com o número padrão 54.

No FCI, encontra-se no Grupo 1, Cães de Pastoreio e Cães de Gado (excepto Cães de Montanha Suíços) na Secção 1, Cães de Carneiro, sem teste de trabalho.

KANGAL

O Kangal é uma raça de cão originária da Turquia. Os machos podem atingir uma altura de até 80 cm e pesar cerca de 65 kg. As cadelas crescem até cerca de 75 cm de altura e pesam cerca de 55 kg. Um Kangal pode viver até aos 12 anos, mas também é possível uma idade mais avançada. Oficialmente é chamado Anatolian Shepherd Dog, em turco Coban Köpegi, e originalmente chamava-se Karabash. Aqui na Alemanha, todos os três nomes estão listados como Kangal.

Como todos os cães de guarda, o Kangal tem um tamanho e uma aparência imponentes. No entanto, não parece desajeitado, mas sim elegante, muito ágil e atlético. O Kangal é muito fácil de cuidar e, para além da sua grande necessidade de território, muito pouco exigente de manter. Também não é muito susceptível à doença e é, portanto, extremamente robusto. Esta raça não é um cão desportivo e tais actividades não lhe convêm de todo. O Kangal só precisa de algo que possa guardar e proteger, e que, para além de uma ligação estreita com os seus humanos, seja completamente suficiente.

O seu casaco é bastante curto, raramente um pouco mais comprido. O Kangal é protegido contra o calor ou o frio por um bom sub-pêlo. Em regra, a cor da pelagem varia do castanho claro ao cinzento claro com marcas pretas nas orelhas e na boca. No entanto, de acordo com o padrão da raça, todas as cores são permitidas.

As orelhas caem nos lados como orelhas flexíveis e eram frequentemente cortadas em tempos anteriores, quando ainda era permitido. Quando o cão está em repouso, carrega a cauda enrolada para cima.

Como todos os cães de guarda, o Kangal é um excelente guarda e protector. Ele realiza estas qualidades de forma independente e sem instruções. Tem uma natureza equilibrada, quase ousada, mas não mostra qualquer agressão. Este cão é extremamente inteligente e orgulhoso, mas pode ser bem conduzido. Ele é considerado muito digno de confiança. Ele é muito afectuoso e protector para com a sua família. O Kangal desconfia dos estranhos e deve primeiro avaliar em cada situação se o perigo é iminente.

O Kangal é muito dominante e geralmente incompatível com outros cães. Portanto, vale a pena considerá-los na Europa de hoje, uma vez que este cão também precisa de uma área muito grande onde possa passar o dia inteiro. Esta raça também não é adequada como cão de principiante. Deve-se ter muita experiência para manter um Kangal.

O Kangal teve a sua origem na Anatólia, Turquia. Esta raça é conhecida há muitos séculos. Na Turquia é muito comum como cão de guarda. O nome "Kangal" provém da família reprodutora original. Esta família era muito influente e localizada na província turca de Shiva. Eles criaram o Karabash, que traduzido significa "cabeça negra", profissionalmente.

O Kangal ainda é utilizado como cão de guarda e passa muitas semanas com o seu rebanho sem companhia humana. Ele protege-os e protege-os independentemente e toma as suas próprias decisões. Se cheirar a perigo, não hesita em pôr o inimigo a voar.

Infelizmente, muitos Kangals ou os seus cruzamentos vêm para a Alemanha através de organizações de bem-estar animal e muitas vezes a origem destes animais não é conhecida. Na maioria das vezes, nem sequer se reconhece que um Kangal tenha sido cruzado. Não se pode excluir que o futuro dono tenha problemas com tal cão, porque nada se sabe sobre a forma como o animal cresceu e foi socializado. Oferecer a esse cão uma vida adequada à espécie na Europa é provavelmente quase impossível, porque as condições necessárias para manter esta raça não estão simplesmente disponíveis aqui. Como resultado, um Kangal que é bem intencionado e adoptado a partir do bem-estar animal pode ser um perigo para o seu ambiente. Além disso, deve estar ciente de que um Kangal pode ser mantido como um cão da lista. Neste caso, devem ser cumpridos requisitos especiais. Em qualquer caso, não é um cão de principiante e pertence a mãos experientes e responsáveis.

No entanto, se for possível manter um cão pastor anatoliano de uma forma adequada à espécie e desejar adquirir um, é melhor contactar um dos poucos criadores na Alemanha. Deve visitar o criador mais do que uma vez para estar ciente do tipo de cão que escolheu. Receberá muita informação do criador, que terá de tomar a sua decisão final.

Na propriedade bem vedada, deve haver um canil para o seu Kangal, para que ele possa estar ao ar livre todo o dia. Para esta raça, bem vedada significa uma cerca de pelo menos dois metros de altura, de modo a que o cão tenha os seus limites. O imóvel deve ser dotado de um sinal de aviso para que os estranhos não possam entrar sem serem notados. O Kangal defenderá o seu território com tudo o que lhe pertence a um elevado grau.

Aqui na Alemanha há muito poucos criadores que cuidam do Cão Pastor Anatoliano. Estes são excepcionalmente filiados ao VDH sem ser membro do clube, onde o Kangal detém o número padrão 331.

O Kangal tem sido reconhecido pela FCI desde 1989. Até 2018, a raça chamava-se Anatolian Shepherd Dog. A partir deste ano, a raça chama-se Kangal Shepherd Dog e já não permite a cor da pelagem branca.

Está listado no Grupo 2, Pinscher e Schnauzer - Molossoid - Cães de Montanha e Gado suíços e outras raças, na secção 2.2, Molossoid, Cães de Montanha, sem teste de trabalho.

AÏDI

Os Aïdi são originários de Marrocos há muitos séculos, mas a sua origem real é provavelmente na Ásia, como quase todos os cães de guarda. O nome da raça não significa mais do que "cão" na língua berbere. O Aïdi é também chamado Atlas Sheepdog ou Chien de l'Atlas. A sua esperança de vida é de até 15 anos.

Os cães desta raça atingem uma altura de até 62 cm e pesam cerca de 25 kg. Estes não são necessariamente valores impressionantes para um cão de guarda. Por outro lado, o Aïdi é um cão de guarda muito bom quando se trata de proteger o rebanho ou a propriedade dos marroquinos. Ele é fortemente construído, extremamente ágil, alerta e corajoso. O cão pastor do Atlas constrói uma relação íntima com a sua família humana.

O aparecimento desta raça não é decisivo em Marrocos, mas os valores como cão de guarda são importantes. Por conseguinte, não são aqui prescritas cores do casaco. Tudo é possível, desde o preto ao castanho até às riscas ou com manchas. A pelagem do Aïdi é semi-longa e, além disso, um denso sub-pêlo protege o animal das intempéries. Além disso, o pêlo é feito de tal forma que se assemelha a uma armadura e serve assim de escudo protector para o cão numa luta com predadores. O casaco tem o chamado "efeito de flor de lótus". Isto significa que a humidade e a sujidade simplesmente se deslocam.

O pêlo abundante forma um rufo, enquanto o rosto e as pernas são de pêlo curto. As orelhas pequenas caem ao lado.

O cão pastor do Atlas encontra-se principalmente nas montanhas e platos do Norte de África e nas montanhas do Atlas em Marrocos. Aqui pastam e protegem o gado e os bens dos pastores e dos nómadas. O Aïdi é também utilizado como um cão de autoclismo para que os sighthounds possam caçar o jogo que foi impulsionado. O rummaging está no sangue desta raça, mas a caça não está.

O cão pastor Atlas é também uma daquelas raças que requerem um alto nível de experiência por parte do futuro dono, não é um cão de principiante. Esta raça não é seleccionada por criação e ainda está no seu estado original, o que significa que tem um elevado instinto de guarda e protecção e precisa de algo a que estar atento para se sentir confortável.

Vós, como seu dono, deveis ter uma consistência saudável ao lidar com ele, mas nunca usar a força, mas agir com a vossa boa empatia. Então também pode criar os Aïdi para ser um cão de família leal. No entanto, terá de o socializar muito bem como cachorrinho, caso contrário poderá mostrar rejeição para com alguns membros da família. Este poderia ser o caso, especialmente com crianças. Infelizmente, tais circunstâncias infelizes já foram relatadas pelos proprietários desta raça.

O cão pastor do Atlas não mostra agressão em princípio, nem mesmo em relação às crianças, desde que não signifiquem qualquer "dano" para o cão. Infelizmente, as crianças pequenas não podem julgar os seus actos e, se o cão se sentir ameaçado por eles, irá ripostar. Esta circunstância não faz, portanto, desta raça um cão de família muito bom. Se houver crianças em casa, deve abster-se de receber um Aïdi.

No entanto, este belo cão quer construir e manter uma relação íntima com a sua família humana. Ele reage com desconfiança para com estranhos, porque ainda tem o papel protector. Deverá poder conceder-lhe isto e fornecer-lhe uma grande área onde o Cão pastor Atlas possa circular livremente.

Ele também quer ter algo para fazer, porque quando se aborrecer, o Aïdi encontrará algo para fazer. O trabalho de rastreio fica-lhe bem, isto está na sua origem. Além disso, ele é um bom cão de guarda e de guarda e, claro, um cão de guarda ainda melhor.

No FCI, o padrão da raça do Aïdi é mantido por Marrocos. Desde 1963, esta raça tem sido plenamente reconhecida com o número padrão 247.

Está listado no Grupo 2, Pinscher e Schnauzer - Molossoid - Cães de Montanha e Gado suíços, na Secção 2, Molossoid, 2.2, Cães de Montanha, sem teste de trabalho.

CÃO PASTOR DE TATRA

O nome oficial para o cão pastor Tatra é Polski Owczarek Podhalanski. Também é chamado Tatrahund, cão pastor Tatra, cão de montanha Tatra, cão de montanha polaco, cão Goralen, cão Podhalen, Owczarek Podhalanski ou Podhalaner.

Os machos atingem uma altura de 70 cm e as fêmeas cerca de 65 cm. O peso desta raça não desempenha um papel na criação, mas pode muito bem chegar aos 65 kg. O cão pastor de Tatra tem uma construção forte e compacta. No entanto, esta raça é muito ágil e perseverante.

A pelagem branca deste belo cão pastor é longa e forma uma rufia impressionante. Na sua maioria é suave, por vezes ocorre uma ligeira ondulação. O sub-pêlo é denso e protege o cão das intempéries. A cauda também está mobilada com cabelo comprido e, portanto, parece muito peluda, mas o pêlo na cabeça, focinho e parte dianteira dos membros é curto. Não são desejadas marcas no casaco branco, apenas o nariz e os olhos são negros. O cão pastor Tatra tem um casaco com um efeito de "flor de lótus". Quando seca, a sujidade que lá se encontra simplesmente cai para fora. Apesar do comprimento do pêlo, este cão é muito fácil de cuidar e uma escovadela semanal é suficiente. No entanto, é aconselhável escovar com mais frequência durante a mudança de pelagem. As orelhas de tamanho médio situam-se no alto da cabeça e têm uma forma triangular.

O Tatra Sheepdog é um cão de guarda típico e é também utilizado como tal. Pode guardar um rebanho de gado independentemente e sem comandos de um humano e defendê-lo eficazmente contra os predadores. Este cão forte pode enfrentar um lobo e infligir lesões consideráveis. Não matará o lobo, mas pelo menos será capaz de o pôr a voar. Na sua Polónia natal, o cão pastor Tatra é também muitas vezes mantido como cão de quinta para guardar a propriedade.

Como com todos os cães de pastoreio, pensa-se que o cão pastor Tatra tenha descendido originalmente dos grandes dinamarqueses asiáticos e que tenha migrado para a Europa com os nómadas há mais de 1.000 anos. Existe uma relação muito próxima com o cão pastor Kuvasz e com todas as outras raças de cães de montanha europeus. Reside na zona de High Tatras há vários séculos.

O cão pastor Tatra é considerado uma raça muito robusta e robusta. As doenças são bastante raras. Tem um carácter equilibrado e é também muito corajoso. O seu destemido alerta faz dele o cão de guarda perfeito. Aproxima-se de estranhos com suspeita, mas é muito reservado até ter esclarecido a situação. Só quando o perigo ameaça é que ele vai ao ataque.

A criação deste Polo não é muito fácil e pertence a mãos especializadas. Deve ser realizada amorosamente com a consistência apropriada. A força e a coerção estão fora de lugar aqui. Nunca conseguirá que um Tatra Sheepdog ouça a sua palavra. Pode comandar o quanto quiser. Se o cão seguir o seu desejo, fá-lo-á por convicção própria ou por grande afecto por si. No entanto, este cão deve também dominar pelo menos os comandos básicos para o poder controlar em certas situações. Além disso, é de notar que esta raça não é adulta até atingir a idade de três anos.

Se tiver sido bem treinado e socializado, o cão pastor Tatra pode até ser utilizado como cão de terapia, porque tem um limiar de irritação muito elevado. Por conseguinte, ele é também adequado como cão de família, desde que os regulamentos de criação sejam observados para que ele possa levar uma vida adequada à espécie. Precisa de pelo menos uma propriedade muito grande e bem vedada, que lhe é permitido guardar. No entanto, não se deve esquecer que o cão pastor Tatra também procura e precisa de uma relação muito próxima com a sua família. Aqui ele é muito carinhoso e afectuoso. O cão não gosta nada de grandes esforços desportivos. Gosta de estar todo o dia ao ar livre e talvez ocasionalmente para passeios de lazer.

Esta raça goza de grande popularidade nos Países Baixos, mas está agora também bem estabelecida na Alemanha. Aqui, cerca de 250 espécimes fornecem descendência. O "Allgemeine Klub für polnische Hunderassen e. V." é o clube de criação desta raça.

O número padrão da raça é 252. O cão pastor Tatra é reconhecido pela FCI desde 1967 e está listado no Grupo 1, Herding and Cattle Dogs (excluindo os cães de montanha suíços), Secção 1, Sheepdogs, sem teste de trabalho.

BERGAMO SHEPHERD DOG

Este cão pastor originário da Itália é também chamado Berger de bergame, Cane da pastore Bergamasco, Bergamasco Shepherd Dog ou Perro de pastor Bergamasco. Os machos crescem até uma altura de cerca de 62 cm e as fêmeas cerca de 58 cm. Um Cão Pastor Bergamasco pode pesar até 38 kg. A sua esperança de vida é de mais de 13 anos.

Esta raça de cão de pastoreio de tamanho médio vem com uma aparência muito rústica. O casaco é muito exuberante e parece desgrenhado. A feltragem é comum nos quartos traseiros, mas é uma boa protecção natural contra todas as condições climatéricas. Todos os tons possíveis de cinzento são permitidos, também com manchas negras. São também permitidas marcações brancas.

Contudo, para que este cão tenha a aparência que tem, é necessário algum trabalho no pêlo do animal. É típico para esta raça que no segundo ano de vida o pêlo superior e o sub-pêlo se tornem acasalados e o pêlo se desenvolva no decurso da vida, mas o pêlo não deve tornar-se acasalado no pescoço e na cabeça e deve ser encurtado na barriga. Por conseguinte, uma escova deve ser usada aqui semanalmente. Os ombros e a cauda também devem ser escovados. A foda que se forma então age como uma capa. Estes tornam-se cada vez mais compridos quanto mais tempo o cão envelhece. Em exposições, esta condição é obrigatória e absolutamente desejável, porque faz parte da imagem da raça. No entanto, deve ter-se o cuidado de que o animal possa mover-se sem restrições, caso contrário, o pêlo deve ser encurtado.

Após a mudança do casaco, os tufos individuais podem, mas não precisam, ser separados até à pele, de modo a atingirem uma largura desejada pelo proprietário. Também é possível pentear o casaco superficialmente ou de forma adequada. Alguns donos também tosquiam os cães. Com estes métodos, porém, perde-se a aparência característica do Cão Pastor Bergamo.

Orelhas finas penduradas na cabeça grande mas não roliça, que não deve ter mais de metade do comprimento da cabeça. A cauda pende quando está em repouso e aponta para cima como uma foice quando está excitada. Não é desejado no padrão da raça carregá-la enrolada na parte de trás.

A sua utilização original era mais versátil do que a das outras raças de cães de guarda. Assim, o cão pastor de Bergamo também poderia ser utilizado para conduzir uma manada e até assumir a liderança de um. Provavelmente descendeu dos cães pastor persa e provavelmente veio para Itália com soldados romanos e fenícios há mais de 2.000 anos. Acredita-se ainda que o Cão Pastor Bergamo está relacionado com o Chien de Brie, uma raça francesa, uma vez que ambos carregam o pêlo felpudo e o pêlo fosco. Ao lado do cão pastor Maremma Abruzzo, é a raça de cão pastor mais antiga e mais conhecida em Itália. O livro genealógico existe aqui desde 1898.

O Bergamo Shepherd Dog goza do melhor da saúde, as doenças típicas da raça não são conhecidas aqui. Ele tem um carácter verdadeiramente excelente, é corajoso, paciente e muito concentrado no trabalho. Esta raça é caracterizada pela sua extrema fiabilidade de alerta.

Actualmente, o Bergamasque tornou-se um cão de família popular, porque, atípico de um cão de guarda, gosta muito de crianças e precisa de uma ligação familiar próxima. O italiano também tem muito boas qualidades como cão de terapia. Ele até está entusiasmado com alguns desportos caninos, porque gosta de se mexer e precisa de tarefas. É por isso que esta raça também pode ser encontrada em mantrailing, dogdancing ou agility. O Bergamo Shepherd Dog é também capaz de treinar como cão de companhia ou cão de resgate.

Infelizmente, esta raça não está muito difundida e por isso raramente é encontrada. No entanto, desde que as condições de criação adequadas, é um excelente cão de família.

O livro genealógico é guardado pelo "Klub für ungarische Hirtenhunde e. V.". Este clube foi fundado em 1922 e é principalmente responsável por cães pastores húngaros.

No FCI, o Bergamo Shepherd Dog está listado com o padrão de raça número 194. Está listado no Grupo 1, Cães de Pastoreio e Cães de Gado (excluindo Cães de Montanha e de Gado suíços), Secção 1, Cães de Carneiro, sem teste de trabalho.

KOMONDOR

O Komondor é nativo da Hungria e pode atingir uma altura considerável ao garrote de 80 cm. O peso está entre 40 kg e 60 kg e pode viver até 12 anos.

O Komondor é originário da Ásia e veio para a Hungria com povos asiáticos por volta do século IX. Em 1544, esta raça foi mencionada pelo nome pela primeira vez. No início do século XX, foi estabelecido o actual padrão da raça.

Esta raça tem uma grande e forte constituição e músculos maduros. Apesar da cor clara da pelagem, a pele do Komondor é pigmentada de forma escura. A cauda é colocada bastante baixa e é levada para baixo com uma ponta de cauda ligeiramente levantada quando em repouso. Se o animal estiver excitado, a cauda não é, no entanto, levada para cima do dorso.

A característica mais distintiva desta raça é a pelagem de cor marfim. Parece o do Cão Pastor de Bergamo. É longo, muito denso, desgrenhado e fosco. O casaco forma "tranças" foscas, semelhantes aos dreadlocks nos humanos. Podem descer ao chão se tiverem crescido durante vários anos. Até a subcapa se torna uma com o sobretudo, porque se feltra juntamente com ela.

Devido a esta pelagem, nem as orelhas de cão nem os seus olhos escuros são visíveis, apenas o nariz negro espreita debaixo do pêlo. No entanto, isto protege o cão do cheiro e também em lutas com potenciais predadores.

Como os pêlos de cão caídos continuam a acasalar com o restante pêlo superior, deve ter-se cuidado durante o alisamento para garantir que o pêlo não se torne num grande tapete. Por conseguinte, deve ser afastada de tempos a tempos e, acima de tudo, procurada diariamente por corpos estrangeiros. Estes são rapidamente apanhados na merda e demora um pouco de tempo a tirar tudo de novo. No entanto, este ritual diário também assegura uma boa ligação entre si e o seu cão felpudo.

Para não perturbar o crescimento destes "dreadlocks", deve evitar escovar o casaco. Mesmo que o seu cão ainda seja um cachorro, uma escovadela adequada é tabu. Usar os dedos e puxar um pouco o saco à medida que cresce naturalmente para que não fique completamente fosco. Nas coxas interiores e à volta do ânus, manter o casaco curto, bem como nas patas.

Este cão de guarda é um guardião muito corajoso do seu rebanho ou dono e da sua propriedade. Como todas estas raças, ele tem um grande comportamento territorial e protector, toma as suas próprias decisões e tem também uma auto-confiança muito elevada. Ele desconfia de estranhos até reconhecer a situação. Apesar das características de um cão de guarda, o Komondor pode ser um bom cão de família, ele só precisa de ser mantido em espécies adequadas e bem socializado.

Mantê-los de forma apropriada à espécie significa que devem ter pelo menos um jardim muito grande, ou melhor ainda uma quinta com muitas terras à sua volta. Aqui encontrará a sua realização como tutor e não precisa de mais entretenimento - mas precisa de estar com a sua família.

É necessária muita experiência canina para treinar um Komondor, ele não é um cão principiante. Esta raça também não demonstrará obediência incondicional, pois é muito orgulhoso e teimoso até à cabeça. Mas se abordar a sua formação e educação com muita empatia e muita perícia, terá ao seu lado um amigo bem equilibrado e simpático. A Komondor é uma raça em desenvolvimento tardio, mostrando apenas maturidade por volta dos três anos de idade.

Outros amigos de quatro patas só são aceites se o Komondor já os tiver conhecido como cachorros e assim os contar como parte da sua família. Ele considera os animais estrangeiros como intrusos. Mesmo as visitas de brincadeira dos seus filhos não estão a salvo do seu instinto natural de protecção. Se os mais pequenos brincarem um pouco demais, o seu Komondor vai querer proteger "o seu filho". Portanto, nunca deixe o seu cão sozinho com as crianças.

Pode fazer longas caminhadas com esta raça, mas este cão não mostra uma vontade muito pronunciada de se mexer. É por isso que não está entusiasmado com nenhum desporto canino. O tamanho do animal e a textura do pêlo são as próximas razões pelas quais os desportos caninos não são recomendados. Como cão de guarda, o Komondor adora guardar e proteger o seu rebanho ou a sua família humana e os seus bens. Não precisa de lhe ensinar esta tarefa, ela está no seu sangue. No entanto, não quer perder o contacto com o seu prestador de cuidados.

A Komondor é uma raça muito robusta e dificilmente sobrecarregada com doenças. No entanto, o HD (displasia da anca) pode desenvolver-se devido ao seu tamanho. Além disso, é propenso à torção gástrica e se o pêlo não for bem cuidado, o eczema pode desenvolver-se sobre a pele.

A Komondor está registada com o padrão de raça número 53 no Grupo 1, Cães de Pastoreio e Cães de Gado (excluindo Cães de Montanha e de Gado Suíços), Secção 1, Cães de Carneiro, sem teste de trabalho.

SLOVENSKY CUVAC

Esta raça, que é originária da Eslováquia, cresce até 70 cm de altura e pode atingir um peso de 44 kg.

O Slovensky Cuvac tem um casaco longo e um pouco ondulado e deve ser branco puro. É permitida uma tonalidade amarelada nas orelhas, mas indesejável. Devido à textura do pêlo, o alisamento extensivo é desnecessário, a sujidade cai normalmente por si só. Não precisa de ser aparada, apenas escovagem ocasional, especialmente durante a mudança sazonal do casaco, é apropriada.

Esta raça tem uma estrutura óssea extremamente forte. A cauda exuberantemente pelada é levada para baixo quando em repouso, mas em forma de lua crescente sobre as costas quando alerta e excitada.

Se este belo cão for devidamente socializado, ele pode crescer e tornar-se um bom cão de família. Tem uma natureza amigável e extrovertida, mas é inicialmente reservado e desconfiado dos estranhos. Dentro da sua família ele é muito afectuoso. O Slovensky Cuvac é também excelentemente adequado como cão terapêutico, de resgate ou de busca. Aqui ele poderia encontrar um campo de actividade alternativo. No entanto, nunca se deve tentar treiná-lo como cão de protecção, pois ele já tem um grande comportamento protector por natureza.

Para a sua educação precisa de muita paciência e acima de tudo de calma. A consistência bem aplicada é igualmente importante na formação de um Cuvac Slovensky.

Há muitos milénios, apareceram cães brancos e grandes nos Alpes, no Cáucaso e nos Pirenéus. Estes desenvolveram-se gradualmente numa grande variedade de raças de cães de pastoreio.

Os primeiros registos de nascimentos resultantes da união de dois cães pastores brancos originais datam de 1929. Um livro genealógico sobre o Cuvac Slovensky tem sido guardado desde 1933. Este cão extremamente belo quase se teria extinguido se não fossem os esforços de um cientista checo para preservar esta raça, pois procurou estes cães pastores do tipo original nas montanhas e começou com eles uma criação pura.

Na Alemanha, o "Club Slovensky Cuvac e. V." tem representado esta raça na VDH desde 1986.

O Slovensky Cuvac está listado com o padrão de raça número 142 no Grupo 1, Pastoreio e Cães de Gado (excluindo Cães de Montanha e de Gado Suíços), Secção 1, Cães de Ovelha, sem teste de trabalho.

AKBASH

Traduzido literalmente, este nome de raça significa "cabeça branca". O Akbash é nativo da Turquia, cresce até 82 cm de altura e pode pesar até 60 kg.

A sua origem sugere a Anatólia e as montanhas do Taurus oriental e central. Pensa-se que esteja relacionado com o cão pastor polaco Tatra. Além disso, presume-se também que existem ligações genéticas com o Kuvasz da Hungria ou com o Slovensky Cuvac da Eslováquia. Outras relações com outras raças também não são excluídas.

Esta raça é dotada de uma pelagem de comprimento médio. A cor da pelagem é exclusivamente branca à cor do leite. Por baixo está um exuberante sub-pêlo para permitir que o cão possa enfrentar todas as condições climatéricas. A mudança de pelagem pode ser muito pronunciada.

Como todos os cães de guarda, este tem um grande comportamento protector. Ele aborda a sua tarefa com muita coragem. O Akbash é um cão de guarda atento e inteligente e tem um grande comportamento auto-confiante. No início é muito reservado para com todos os estranhos, mas observa de perto o seu ambiente.

Tem uma forte semelhança com o Kangal turco, mas geneticamente são duas raças bastante diferentes.

É difícil acreditar que o Akbash seja menos comum na Turquia do que nos EUA, por exemplo. Aqui, esta raça é criada com sucesso como um cão de raça de pedigree.

Este belo cão pode também tornar-se um cão de família. No entanto, existem alguns pré-requisitos para tal. Deve ser bem socializado com a sua futura família em cachorros, para que possa enfrentar a sua vida quotidiana com calma e sem problemas. Este cão não é um cão de principiante, deve ter uma grande experiência para fazer justiça a esta raça. Deve ser capaz de mostrar paciência suficiente no treino, porque um Akbash é obstinado e toma as suas próprias decisões. Ganhar a sua confiança é da maior importância para que possa construir uma boa e forte ligação com o seu cão. Além disso, deve aprender a tolerar o seu Akbash da forma como ele é.

Para poder oferecer a este cão um lar adequado à espécie, deve pelo menos ter um jardim grande e bem seguro, para que Akbash tenha o seu próprio território para guardar. No entanto, ele quer desfrutar de um pouco de actividade e atenção da sua família humana. Se não lhe for dada atenção suficiente, poderá desenvolver um comportamento dominante.

O Akbash não é oficialmente reconhecido no FCI. Aqui é listado como um Cão Pastor Anatoliano com diferentes batimentos. Por conseguinte, está listado com o número padrão 331 no Grupo 2, Pinscher e Schnauzer - Molossoid - Cães de Montanha e Gado suíços e outras raças, Secção 2, Molossoid (como Cão Pastor Anatoliano).

No seu país de origem, a Turquia e nos EUA, o Akbash é reconhecido como uma raça por direito próprio. Em 1978, esta raça veio para a América e rapidamente se tornou conhecida no Canadá. O livro genealógico nos EUA tem sido mantido desde 1987.

CÃES DE MONTANHA SUÍÇOS

Os cães de montanha e de gado suíços são uma família de raças muito especiais. Existem quatro espécimes diferentes, mas todos têm a mesma cor de pelagem e as mesmas marcações. Só foram divididos nestes quatro tipos de raça no início do século XX. Os cães de montanha e de gado suíços não são classificados como cães de guarda, mas sim como cães de pastoreio. Estes são cães domésticos que são utilizados para trabalhar em rebanhos de gado. Não só protegem o rebanho dos predadores, mas também asseguram que o rebanho não se disperse. Os cães de pastoreio também são utilizados quando se conduz de um lugar para outro. Por isso, são muito individuais no seu trabalho com animais da quinta.

As linhas seguintes apresentar-lhe-ão estas quatro raças, começando com a raça maior e terminando com a raça mais pequena.

Grande cão de montanha suíço

Esta raça, como o nome sugere, vem da Suíça. Um macho deve crescer até 72 cm de altura e uma fêmea não mais alta do que 68 cm. O peso é de cerca de 60 kg e a esperança de vida deste cão de montanha é de cerca de 11 anos.

A cor do casaco é preta com marcas brancas e castanhas-avermelhadas. Estas encontram-se nas patas, focinho, ponta da cauda e peito. O revestimento exterior é de comprimento curto a médio com um sub-pêlo macio.

Orelhas triangulares de tamanho médio penduradas na cabeça grande. Estes são apontados para a frente quando em alerta. A cauda, geralmente com uma ponta branca, é relaxada para baixo quando o cão está em repouso.

O Grande Cão da Montanha Suíço é um cão clássico da casa e da quinta. É dotado de um muito bom comportamento protector em relação à sua família humana e aos seus bens. Se algo de anormal acontecer na propriedade, o suíço está muito atento e é chicoteado. No entanto, ele não ladra sem uma boa razão, uma vez que o seu temperamento é mantido dentro de limites. No entanto, mostra-se um companheiro seguro, atento e destemido em todas as situações quotidianas.

Esta raça é muito orientada para as pessoas, bem como carinhosa e precisa da proximidade dos seus cuidadores. Especialmente quando ele está cansado ou à noite quer sentir e experimentar a segurança da sua família. Aproxima-se de estranhos com um comportamento muito auto-confiante e observa-os até ter a certeza de que não há perigo da sua parte.

Embora ainda hoje seja utilizado para trabalhos agrícolas e de rebanho, é também excelente como cão de projecto. Devido à sua força, ele é capaz de puxar trenós ou carrinhos de cães, e está feliz por realizar esta tarefa. Em tempos anteriores, o Grande Cão de Montanha Suíço era aproveitado em frente de uma carroça com leite, ou outros produtos feitos a partir dele, e enviado do pasto da montanha para um comerciante no vale. O cão percorreu este caminho sem acompanhamento humano e encontrou sempre o seu caminho de regresso a casa.

O Grande Cão de Montanha Suíço foi em tempos uma raça canina muito robusta e saudável. Entretanto, no entanto, a sua saúde sofreu consideravelmente devido à reprodução, que, por exemplo, prescreve a pelagem tricolor. Além disso, embora todas as quatro raças tenham a mesma origem, são criadas separadamente uma da outra. Isto significa que praticamente nenhum material genético fresco entra nas linhas de reprodução e a consanguinidade não pode ser excluída. Assim, o risco de doenças hereditárias é também muito elevado. Além disso, ocasionalmente podem ocorrer problemas com as articulações, especialmente HD (displasia da anca) ou DE (displasia do cotovelo) e há um risco de torção gástrica. No entanto, estas susceptibilidades não têm nada a ver com a raça real, mas encontram as suas razões no tamanho dos cães. No entanto, eles são transmitidos à geração seguinte.

As descobertas arqueológicas provaram que os cães existiam na Suíça muitos milhares de anos antes da nossa era. Além disso, foi estabelecido que estes cães já tinham o tamanho dos actuais cães de montanha por volta de 1.000 a.C. No entanto, de acordo com testes científicos, pode-se excluir que a raça do Grande Cão de Montanha Suíço tenha descendido do Mastim Tibetano ou do Molossiano Romano.

Um estudioso da raça canina suíça descobriu um cão de montanha Bernês com um pêlo curto numa exposição canina em 1908 e nomeou uma nova raça com este espécime: o Grande Cão de Montanha Suíço. Para esta raça, foi fundado o "Clube dos Grandes Cães de Montanha Suíços" na Suíça em 1912. Na Alemanha, o primeiro clube para esta raça, o "Schweizer Sennenhund-Verein für Deutschland", foi criado em 1923. Todas as quatro raças estão aqui representadas. O primeiro padrão de raça para o Grande Cão de Montanha Suíço foi publicado no FCI em 1939.

No FCI está listado no Grupo 2, Pinscher e Schnauzer - Molossoid - Swiss Mountain and Cattle Dogs, Secção 3, Swiss Mountain and Cattle Dogs, sem teste de trabalho, como cão de pastoreio. O número padrão da raça é 58.

Cão da montanha Bernês

O Cão da Montanha Bernês era chamado "Dürrbächler". Descobrirá mais tarde de onde vem este nome. Os machos crescem até uma altura de cerca de 70 cm e as cadelas atingem uma altura de 66 cm. Não está previsto um peso específico no padrão da raça. Infelizmente, a esperança média de vida é de apenas cerca de 7 a 8 anos.

Como todos os cães de montanha e de gado, este tem uma pelagem tricolor. Estas cores devem ser distribuídas simetricamente sobre o cão para criar uma aparência geral harmoniosa. O casaco é longo e, na sua maioria, liso, mas pode ter uma ligeira ondulação. As orelhas penduradas parecem bastante pequenas em comparação com todo o corpo e são colocadas no alto da cabeça. Estão também cobertos de peles longas.

Esta raça caracteriza-se pela sua natureza boa e amigável. O Bernese Mountain Dog tem uma aparência auto-confiante, especialmente em relação a estranhos, mas não mostra qualquer agressividade. Devido ao seu instinto inato de guarda e protecção, os cães de montanha Bernese são ideais como cães de quinta e de casa, mas também têm uma boa esfera de actividade dentro da família.

Hoje em dia, os cães de montanha Bernese ainda são parcialmente utilizados nos Alpes como cães de pastoreio, caso contrário cortam uma boa figura como cães de salvamento ou cães de rastreio. Os Bernese Mountain Dogs não são muito entusiastas dos desportos caninos, porque não são muito ágeis ou rápidos. No entanto, precisam de muita liberdade de movimentos, o que requer um grande jardim para a sua manutenção. No Verão sofrem muito com o calor devido ao seu longo casaco, aqui talvez uma tosquia deva ser considerada em regiões mais quentes. Quando está mais fresco ou mesmo gelado no exterior, eles sentem-se muito confortáveis.

Devido ao seu tamanho, um Cão de Montanha Bernês não deve ser mantido num apartamento com vários andares. Subir escadas constantemente coloca muita tensão no seu sistema músculo-esquelético. Além disso, podem ocorrer problemas com as articulações. HD ou ED devem ser mencionados aqui em particular. Os cães da montanha Bernese são propensos a doenças renais e vários cancros são também descritos com mais frequência. A taxa de mortalidade é agora muito elevada. Já a partir da idade de quatro anos morrem 17% dos Bernese Mountain Dogs e não menos de 72% não atingem a idade de 10 anos. Além disso, esta raça é sobrecarregada por uma doença hereditária chamada "Mielopatia Degenerativa". Trata-se de uma doença neurológica que não causa dor mas sim distúrbios de movimento nas patas traseiras. O tratamento geralmente não conduz ao sucesso. Os testes de ADN podem ser utilizados para detectar esta doença hereditária, a fim de garantir que não seja permitido criar animais portadores desta doença.

A forma como esta raça em tempos foi criada já não pode ser rastreada hoje em dia. O Cão de Montanha Bernês será uma raça extremamente antiga, mas já não se pode determinar exactamente a idade.

É graças a uma coincidência que a raça Bernese Mountain Dog existe de todo. No início do século XX, alguns donos de cães foram persuadidos a mostrar os seus animais numa exposição canina. Viviam numa zona com algumas quintas dispersas, que se chamava Dürrbach. Os seus cães eram, portanto, chamados "Dürrbachhunde" ou "Dürrbächler" e já eram muito conhecidos em toda a área. Também eram frequentemente vistos na cidade, onde eram utilizados como cães de tracção. Nessa altura, estes cães já tinham o distinto pêlo de três cores e eram, portanto, muito notórios. Agora, em 1904, uma nova classe foi anunciada na exposição canina em Berna: os Cães Pastores Suíços, Appenzeller Mountain Dogs e Dürrbach Hounds. Quatro dos cães apresentados foram premiados nessa altura e foram inscritos no Stud Book of Dogs suíço no Volume 9 em 1907.

A partir dessa altura, o Dürrbachhund foi a conversa da cidade e foram encontrados muitos amantes de cães que queriam assumir a criação pura a partir de então para assegurar a continuação segura desta raça, e já em 1908 existiam 22 cães reprodutores. Após longas deliberações, o Dürrbachhund tornou-se o Dürrbachhund Bernese Mountain Dog em 1913, mas na área original é e continua a ser o Dürrbachhund.

No FCI esta raça pode ser encontrada no Grupo 2, Pinscher e Schnauzer - Molossoid - Swiss Mountain and Cattle Dogs, Secção 3, Swiss Mountain and Cattle Dogs, sem teste de trabalho, como cão de pastoreio com o padrão de raça número 45.

Appenzeller Mountain Dog

Esta raça é também chamada "Appenzellerhund" ou "Appezöller Bläss" e é nativa da Suíça. Os machos crescem até uma altura de cerca de 56 cm e as fêmeas atingem uma altura de cerca de 54 cm. Não é necessário um peso específico no padrão da raça, mas deve ser preferencialmente entre 22 kg e 32 kg. A esperança de vida do cão da montanha Appenzeller é de cerca de 14 anos.

O pêlo preto desta raça é chamado "stockhaired" e tem as marcas brancas e castanhas típicas de todos os cães de montanha e de gado. O casaco é curto e não requer muito cuidado.

O Appenzeller Mountain Dog transporta a sua cauda enrolada para cima sobre as costas. Por conseguinte, é também chamada de "buzina do correio". A sua construção é musculosa e bastante quadrada.

Como todos os cães de montanha, este é também um chamado cão de pastoreio. Pode proteger e guardar o rebanho, assim como manter os animais juntos ou levá-los para outro lugar. Além disso, esta raça é também capaz de recuperar animais do rebanho amplamente dispersos. A acção rápida e enérgica do cão é um excelente traço para trabalhar sobre e com o rebanho.

Além disso, o cão de montanha Appenzeller pode ser útil como "cão de guarda" para casa e jardim e também corta uma boa figura como cão de avalanche. No passado recente, esta raça foi também treinada com sucesso como cão-guia. Isto, por sua vez, faz dele um bom cão de família.

O suíço é muito activo, por isso necessita de muito espaço e também deve ser mantido ocupado de uma forma adequada à sua espécie. Não deve ser você mesmo um cão de sofá se quiser ter um cão assim. Precisa de muito exercício e actividade e pode, portanto, correr bem de bicicleta ou a cavalo. A cabecinha também gosta de ter algo para fazer, por isso a agilidade ou Treibball são excelentes para o Appenzeller.

Ele é um companheiro muito leal e fiel à sua família. É socialmente compatível com outros cães e não é agressivo para com estranhos, mas mostra uma desconfiança saudável até ter determinado se o perigo é iminente. No entanto, como cão de guarda, ele ataca quando algo está errado no seu ambiente. Ele gosta de ladrar, mas não excessivamente. O latido desta raça soa muito brilhante e é, portanto, muito distinto. Além disso, o Appenzeller convence com a sua inteligência e auto-confiança. É muito activo e quer ser mantido ocupado, mas por outro lado é também extremamente fofinho. Para as crianças, o suíço é um bom companheiro de brincadeira, porque as horas de brincadeira são muito divertidas para ele.

Devido à sua rápida percepção e vontade de aprender, o Appenzeller pode ser muito bem treinado e mesmo alcançar uma certa obediência. No entanto, é necessária uma empatia muito boa e ainda mais paciência para o treino bem sucedido de um jovem cão, então dificilmente deverá ter problemas. Este não é o caso da maioria dos cães de guarda. No entanto, o Appenzeller Mountain Dog não pode ser chamado de cão de principiante, já deve ter uma certa experiência canina para poder treinar e manter este animal de uma forma apropriada à espécie.

Em geral, os suíços gozam de excelente saúde. É muito robusta, pois está naturalmente habituada a passar a maior parte do seu tempo no ar fresco. No entanto, existem alguns problemas de saúde que devem ser considerados. Por exemplo, o HD ou ED pode ser diagnosticado com mais frequência no Appenzeller Mountain Dog. No entanto, os cães afectados já não estão autorizados a reproduzir-se. São também propensos a cataratas e defeitos cardíacos. Os problemas de pele também foram descritos.

O Appenzeller Sennenhund também descende dos cães de quinta suíços. Foram e são criados pela sua eficiência e não por normas específicas da raça. A criação desta raça independente começou em 1898 em Appenzellerland e o primeiro padrão de raça foi estabelecido em 1914. A FCI reconheceu o Appenzeller Sennenhund desde 1954. Infelizmente, esta raça está quase ameaçada de extinção, uma vez que há muito poucos animais reprodutores.

O Appenzeller Mountain Dog está registado no Grupo 2, Pinscher e Schnauzer - Molossoid - Swiss Mountain Dogs, Secção 3, Swiss Mountain Dogs, sem teste de trabalho, como cão de pastoreio. O número padrão da raça é 46.

Cão de Montanha Entlebuch

O Entlebucher Sennenhund é a mais pequena das quatro raças de cães Sennen. Os machos podem crescer até 52 cm e as fêmeas até 50 cm. O peso de ambos os sexos está entre 20 kg e 30 kg. Este cão de montanha pode atingir uma idade de cerca de 14 anos, mas também pode envelhecer consideravelmente. O Cão de Montanha Entlebuch mais velho conhecido viveu até aos 17 anos de idade.

O seu casaco é também tricolor com uma cor preta moída e marcações brancas e castanhas. É curto e duro ao toque, razão pela qual também é chamado "stick coat". O seu sub-pêlo cresceu espesso de modo que o tempo não lhe pode causar quaisquer problemas.

Os ouvidos dos suíços são bem proporcionados e pendurados nos lados. São bastante elevados e parecem muito amplos. Uma característica marcante do Cão de Montanha Entlebuch é o seu dorso longo e forte, as pernas parecem bastante curtas em relação ao resto do corpo. A cauda é levada pendurada para baixo e deve ser direita. Antigamente era comum aportar a cauda, mas felizmente isto é hoje em dia proibido na maioria dos países. No entanto, há alguns animais com uma cauda de toco congénita.

Esta raça caracteriza-se pela sua disposição animada e espirituosa. Devido ao seu pequeno tamanho, é muito ágil e ágil e extremamente ávido para se mover. É por isso muito importante que este cão seja devidamente exercitado. Muitos tipos de desportos caninos são adequados para o divertir de uma forma adequada à sua espécie. Também pode ser usado de forma excelente como cão de rastreio.

O Entlebuch Mountain Dog é naturalmente dotado de um bom instinto de guarda e protecção. Se não tiver rebanho a proteger, guardará a sua família humana e os seus bens. Desconfia de estranhos e anuncia-os ladrando. No ambiente dos seus humanos, ele é muito bem-humorado e mostra um comportamento íntimo e caloroso. O pequeno suíço também gosta muito de crianças e gosta de brincar e brincar com elas num grande jardim. Ele é muito paciente e perdoa até pequenos "inconvenientes" das crianças humanas. No entanto, é preciso preparar bem o cão para as crianças e ensiná-lo e aos mais pequenos como lidar uns com os outros, caso contrário, a energia temperamental do animal poderia, por vezes involuntariamente, puxar as crianças para o chão.

Além disso, deve estar atento ao comportamento inato de pastoreio do cão, pois este é muito pronunciado, especialmente em relação aos membros mais fracos da família, e não deve sair fora de controlo em circunstância alguma.

O Entlebucher Mountain Dog é de facto também adequado para principiantes, mas terá de investir muito tempo para lhe fazer justiça. Esta raça não é de forma alguma adequada para pessoas preguiçosas, quer ser mantida ocupada e exercida. Se é muito desportivo e gosta de estar ao ar livre, esta seria a combinação ideal. Vá correr ou andar de bicicleta com o seu cãozinho de montanha, jogue frisbee com ele ou desabafe nos desportos caninos.

Embora esta raça permaneça relativamente pequena, o HD pode ocorrer no Cão de Montanha Entlebuch. Isto está provavelmente relacionado com a relação com as grandes raças Sennen. Além disso, são conhecidas doenças oftalmológicas hereditárias, em primeiro lugar cataratas e uma má formação do ângulo ventricular do olho, o que leva ao facto de os fluidos não poderem drenar e a pressão ocular aumentar como resultado. Se não for tratada, a cegueira pode resultar. Os animais em que estas doenças tenham sido detectadas já não devem ser utilizados para reprodução.

Como já foi mencionado, alguns cachorros nascem com uma cauda curta. Esta malformação congénita é também transmitida de uma forma dominante. Por conseguinte, tais cães também não devem ser mais utilizados na reprodução.

Esta raça foi mencionada pela primeira vez em 1889 sob o nome de "Entlebucherhund" e veio originalmente dos cantões de Lucerna e Berna. Aqui era utilizado para rebanho e condução do gado, mas também para os proteger e defender. Além disso, ele também guardava as propriedades dos seus proprietários.

Em 1914, os primeiros animais reprodutores foram registados no Stud Book suíço. No entanto, não foi feita qualquer diferenciação entre o Entlebuch e o Appenzeller Sennenhund. Só em 1926 foi fundado na Suíça o "Club for Entlebuch Cattle Dogs", tendo assim começado a criação pura. Infelizmente, esta raça desenvolveu-se muito lentamente nos anos seguintes e apenas alguns cães reprodutores foram registados no livro genealógico. Só depois da Segunda Guerra Mundial é que o Cão de Montanha Entlebuch conseguiu estabelecer-se, em certa medida. Tornou-se muito conhecido na Alemanha e na Áustria e foi mesmo descoberto por muitos amantes de cães nos EUA. No entanto, a raça ainda não está generalizada e é bastante rara.

O Entlebucher Sennenhund está registado com o número 47 no FCI Grupo 2, Pinscher e Schnauzer - Molossoid - Cães de Montanha e Gado Suíços, Secção 3, Cães de Montanha e Gado Suíços, sem teste de trabalho, como cão de pastoreio.

CÃO PASTOR ALEMÃO

O Pastor Alemão é provavelmente uma das raças de cães mais conhecidas. Os machos crescem até 65 cm e as fêmeas até 60 cm. O peso é até 40 kg e pode atingir uma idade de até 13 anos. Infelizmente, cerca de metade de todos os pastores alemães nem sequer vivem até aos 10 anos de idade.

Diferentes tipos de pelagem são possíveis nesta raça. Um bom sub-pêlo está sempre presente e infelizmente o Cão Pastor Alemão tem mais vezes os seus galpões. No Cão Pastor Alemão de pêlo curto, o pêlo é muito apropriado, enquanto o pêlo no pescoço, cauda e patas traseiras pode ser um pouco mais comprido. A cor básica é o preto. As marcas presentes podem ser cinzento-claro, amarelo, castanho ou castanho-avermelhado. Também é permitido um sólido casaco preto, bem como um casaco cinzento com uma forma de nuvem escura, uma "sela" preta sobre as costas, bem como uma "máscara" preta sobre o rosto. Em todas as combinações de cores, o couro do nariz é sempre preto. São permitidas marcações brancas mínimas no peito ou nos lados interiores, mas não necessariamente desejadas.

Desde 2008, a variedade de pêlo longo do cão pastor alemão foi novamente incluída no padrão da raça. Aqui o casaco é comprido e não está perto de mentir. As chamadas "bandeiras" estão nas orelhas e pernas, bem como na cauda. Uma boa rufa deve ser formada no pescoço, enquanto há pêlo curto na cabeça, patas e dedos dos pés, bem como na parte da frente das pernas. Também aqui ocorrem as pinceladas de cor acima mencionadas.

A cor da pelagem branca foi removida do padrão da raça. Estes cães têm sido uma raça separada reconhecida pela FCI desde 2003: o Cão Pastor Suíço Branco. Pode acontecer que os cachorros do Cão Pastor Alemão nasçam com uma pelagem branca. Estes devem ser excluídos da criação e não podem ser acrescentados ao livro de criação do Cão Pastor Suíço Branco, mesmo que ambas as raças não apresentem diferenças. Do mesmo modo, não é permitido o acasalamento de ambas as raças.

O corpo do Cão Pastor Alemão deve ser dotado de músculos bons e fortes. O ponto mais alto do dorso deve ser no garrote, além disso, este deve ser mais comprido do que o cão é alto. Não desejáveis na reprodução são depósitos de gordura ou tecido conjuntivo solto. Isto significa que a conformação deve ser "seca" e os músculos devem ser bem definidos. O nariz é sempre preto, outras cores não são permitidas pelo padrão da raça. Também indesejáveis são uma sobremordida, uma sub-mordida e uma sobremordida. O cão pastor deve ter uma mordida de tesoura saudável para ser admitido para reprodução. Os cachorros têm 28 dentes, enquanto que os adultos têm 42 dentes.

Os ouvidos do Cão Pastor Alemão erguem-se virados para a frente e os olhos são sempre de uma cor escura. Este é também o caso das garras e das almofadas. Quando em repouso, a cauda é levada pendurada em forma de foice.

O Pastor Alemão é bem equilibrado e absolutamente bem-humorado. Ele não mostra qualquer agressão, excepto quando lhe é ordenado. Ele tem nervos fortes, é auto-confiante, atento e fácil de liderar. Esta raça é muito versátil. Por exemplo, o Pastor Alemão é excelentemente adequado como cão de guarda ou de companhia. Além disso, encontra um campo de actividade no serviço de protecção ou como cão de serviço para a polícia e alfândegas. Em circunstância alguma deve parecer nervoso ou temeroso em qualquer situação. Em caso de tal comportamento, o cão deve ser excluído da reprodução.

Como o nome da raça indica, o Cão Pastor Alemão foi outrora criado como cão de pastoreio. Hoje em dia quase nunca é encontrado nesta função, mas sim como cão de serviço para a polícia, como cão de resgate ou como cão de busca de avalanches. O Pastor Alemão é também muito adequado para treino como cão-guia.

Esta raça é também adequada como cão de família, mas deve ser mantida ocupada de uma forma adequada à espécie. Todos os desportos caninos são possíveis aqui e oferecem ao animal uma grande variedade.

Infelizmente, o Cão Pastor Alemão está sobrecarregado com muitas doenças hereditárias. Existem 77 doenças genéticas conhecidas, especialmente a DH.

É relatado, mas não provado, que no início do século XX os lobos foram cruzados para a criação do Cão Pastor Alemão. Isto era supostamente para proteger contra a têmpera. Em 1920, o geólogo suíço Albert Heim acreditava ter notado uma deterioração no temperamento do pastor alemão e culpou as alegadas cruzes de lobo. Como resultado, os criadores do Pastor Alemão foram aconselhados a deixar de utilizar animais reprodutores que mostravam as características de um lobo. Hoje em dia, não se considera provável que estes cruzamentos, se acontecessem, tivessem qualquer influência sobre a imagem da raça do actual Cão Pastor Alemão, porque mesmo nessa altura os cachorros de tais acasalamentos não eram considerados adequados.

No entanto, existem hoje alguns híbridos de lobos que também são reconhecidos no FCI. Por exemplo, o Wolfhound checoslovaco e o Wolfhound de Saarloos. Estes cruzamentos destinavam-se a melhorar o Cão Pastor Alemão, mas este projecto falhou completamente. Estes cães-lobo dificilmente podem ser utilizados como cães de trabalho. As cruzes lobo "Lupo Italiano", "Kunming Wolfhound" e "Timber Wolf-dog Shepherd" são híbridos de lobo não reconhecidos pelo FCI.

É difícil ignorar a presença do cão pastor alemão na raça Hovawart, que só foi criada no início do século XX.

Na VDH, a "Verein für Deutsche Schäferhunde" e a "Schäferhundverein RSV2000" são responsáveis pela criação desta raça. Na antiga associação, mais de 2 milhões de animais reprodutores estão registados no livro de criação, começando pelo progenitor de todos os Pastores Alemães, "Horand von Grafrath", com o número 1. Para ser aceite no livro de criação, o Cão Pastor Alemão deve ter passado no teste do serviço de protecção nível 1 ou no teste da equipa de salvamento nível B antes da licença. Um teste de resistência também deve ser concluído com sucesso antes e, claro, um potencial animal reprodutor não deve ser sobrecarregado com doenças hereditárias. Isto deve ser excluído através de um exame veterinário.

Na antiga RDA, desenvolveu-se uma criação independente do Cão Pastor Alemão. Aqui foi dada grande importância à criação sem HD. Desde 1979 só foram utilizados animais reprodutores sem HD e houve uma clara diminuição desta doença hereditária. Com a unificação da RDA e da República Federal da Alemanha, as linhas de reprodução de ambos os países foram fundidas. Hoje em dia, só muito raramente existem linhas de reprodução puras da RDA.

O Cão Pastor Alemão está registado na FCI com o padrão de raça número 166 no Grupo 1, Cães de Pastoreio e Cães de Gado (excluindo Cães de Montanha e Gado Suíços), Secção 1, Cães de Pastoreio, com teste de trabalho, como cão de pastoreio.

Educação

Treino de um cão de guarda pode apresentar-lhe grandes desafios. Antes de mais nada, é preciso estar ciente da razão pela qual existem cães de guarda em primeiro lugar e para que foram e são criados. Aqui pode ver rapidamente o problema de manter um cão de guarda fora das suas tarefas previstas. Mas nada é impossível e se tiver experiência canina suficiente, está também em condições de poder oferecer a um animal tão belo um lar maravilhoso.

GERAL

Aprendeu muito sobre cães de guarda até agora e recebeu muita informação. Sabe para que é que eles nascem e são criados. Um cão de guarda age independentemente e não dá ouvidos a comandos. Por conseguinte, não é fácil treinar tal raça para "uso doméstico". Se agora pensa que vai ter ajuda numa escola de cães, pode ficar desapontado. Muitas escolas de cães rejeitam raças que pertencem aos cães de pastoreio. Mas como já foi mencionado... nada é impossível.

Além disso, é importante ter em mente que existem características geneticamente ancoradas que constituem um cão de guarda e que só estão presentes em menor grau, se é que estão de todo, noutras raças. Estas características são acima de tudo a desconfiança de tudo o que é estranho ao cão, o elevado comportamento protector no seu próprio território e especialmente a sua incorruptibilidade. Isto dá origem a dois problemas: A incorruptibilidade é susceptível de tornar difícil recompensar o seu cão por agir correctamente, porque ele não pode ser subornado - mas na realidade a recompensa não passa de um suborno. Além disso, as suas ordens podem passar despercebidas. Um cão de guarda age sob a sua própria autoridade e só executa ordens se estas fizerem sentido para ele. Se o seu comando não fizer sentido para o cão na situação em questão, ele não o executará; se o fizer, então apenas por uma boa natureza para com o seu humano. Ficará com a impressão de que o seu cão tem de considerar primeiro se o seu comando faz sentido para ele e se vale a pena executá-lo.

Circulam frequentemente rumores de que um cão de guarda aprende através de proibições, caso contrário, o cão governaria sobre si. Isto é, evidentemente, um disparate. Se recompensar o seu animal no momento certo, seja com uma guloseima, um animal de estimação ou o seu brinquedo favorito, terá exactamente o comportamento que deseja do seu cão no futuro. Não conseguirá nada com coacção e repreensão; recompensas, por outro lado, deixam impressões positivas e permanecem na memória. Mesmo que o cão de guarda seja de facto considerado incorruptível, há uma diferença se você, como cuidador, oferece o "suborno" ou se é um estranho. Um cão de guarda nunca aceitaria nada deles.

Deve também notar-se que nem todos os cães de guarda podem ser "agrupados". Cada raça tem um carácter diferente, e as suas tarefas reais e ambientes de vida também diferem consideravelmente. Depois de ter descoberto a raça certa para si, divertir-se-á muito com ela. Terá de se adaptar a este cão muito individual, depois terá sucesso e terá ao seu lado um companheiro muito leal.

LIGAÇÃO DE CÃO E DONO

Esta é uma das condições mais importantes que tem de criar: construir uma ligação muito boa entre si e o seu cão. A propósito, este é um dado adquirido com todas as raças e não apenas com cães de guarda.

É difícil de acreditar, mas os cães de guarda são animais muito sociais e precisam de proximidade humana. Embora sejam na sua maioria independentes, querem ter contacto familiar e gostam de ser acariciados.

Está na sua natureza proteger o rebanho. Quer se trate de ovelhas, cabras, gado ou das pessoas e animais com quem o cão vive, não faz diferença. Por conseguinte, também o protegerá a si, aos seus familiares e a todos os outros co-habitantes de duas e quatro patas e, consequentemente, construirá um laço social.

Para o conseguir, é preciso investir muito tempo. Imagine que o cão vive e trabalha efectivamente entre a manada dia e noite. O rebanho é agora você e tudo o que lhe diz respeito. Forma agora a unidade social do rebanho, que está sob a protecção do cão. No entanto, isto não significa que o cão decida qual o caminho a seguir. É responsável por isso e deve ser uma boa pessoa de referência para o seu cão procurar.

POUCO TEMPO SOZINHO

Isto significa para si que nunca deve deixar o seu cão sozinho durante muito tempo. Para além das suas tarefas originais, precisa de um equilíbrio para que possa levar uma vida adequada à espécie. Se não puder fornecer-lhe um rebanho de ovelhas, deve encontrar outras tarefas para manter o seu cão feliz. Dependendo da raça, caminhadas extensas ou um desporto canino adequado podem ser a ordem do dia. Quanto mais tempo passarem com o vosso novo amigo e tiverem experiências juntos, maior e mais forte será a ligação entre os dois. Se o cão for bem equilibrado, ele está contente e feliz e irá respeitá-lo como um cuidador.

COMANDOS

Como já leu no início, é muito difícil ensinar a um cão de guarda ordens que depois executará no momento apropriado. Habitue-se à ideia de que as suas ordens não darão em nada ou que o seu cão irá pelo menos considerar primeiro se ele obedecerá às suas ordens. Se ele achar que o seu comando é apropriado no momento, ele obedecerá, caso contrário não o fará.

Deve mostrar um comportamento muito confiante em relação ao seu cão, caso contrário corre o risco de que o seu cão assuma a liderança. Afinal, isto está geneticamente determinado nele e ele não hesitará em fazê-lo. Portanto, nunca negligencie a sua posição como líder de grupo. O seu cão irá testá-lo de tempos a tempos para ver se ainda possui estas qualidades.

Portanto, o condicionamento correcto e bom é o mais importante e o fim de tudo se o seu cão de guarda tiver de obedecer às suas ordens. Se o seu cão associa algo positivo à ordem dada e se lhe parecer fazer sentido, ele escutá-lo-á.

Acima de tudo, os comandos básicos devem ser seguidos pelo seu cão, estes têm simplesmente de "sentar-se". Só então será capaz de controlar esta grande potência em determinadas situações. Estes seriam "Sentar", "Para baixo", "Desligar" e "Não". Deve praticar estes comandos de forma consistente com o seu cão quando ele ainda é um cachorro, mas não pela força, que não funciona. E mesmo quando o seu cão tiver crescido, é importante treinar repetidamente estes comandos básicos para que ele não os esqueça e, acima de tudo, para que o escute no momento decisivo.

O COMANDO "SIT

Os cachorros jovens que ainda não tenham tido qualquer experiência com exercícios de aprendizagem são capazes de compreender o comando muito rapidamente. Para praticar este comando, ficar de pé ou agachar-se em frente do cachorro e segurar uma guloseima entre o polegar e o dedo médio. Agora levante o dedo indicador para ensinar ao cachorro o sinal de "sentar". A mão com a guloseima sobe agora pelo nariz do cão para que o cachorro seja forçado a pôr a cabeça para trás até se sentar no chão. Se notar que ele está a trazer as nádegas para o chão, dá o comando "Sentar". No momento exacto em que as nádegas tocam o chão, dá-se-lhe imediatamente o prazer e elogia-se muito.

O COMANDO "SIT"

Com base no comando "Sit", pode praticar o comando "Sit" com o cachorro durante o treino. Para o fazer, o cachorro deve sentar-se à sua frente. Volte a dar um mimo, desta vez entre o seu indicador e o dedo médio, e traga o plano da sua mão para baixo à frente do nariz do cão. Se o pequeno corpo se mover para baixo, diz-se o comando "Sentar" e dá-se-lhe imediatamente a guloseima. Mais uma vez, o cachorro é recompensado profusamente.

O COMANDO "STAY

Há sempre situações na vida quotidiana em que é necessário que o cachorro e mais tarde o cão adulto fiquem em casa sozinhos. Para esta formação, o cachorro deve sentar-se em frente do seu cuidador. Uma linguagem corporal clara é muitas vezes suficiente para demonstrar o significado do comando "Ficar".

Fica directamente em frente do seu cachorro e inclina-se ligeiramente para a frente. O plano da sua mão é estendido na sua direcção. Desta forma, mostra-se apenas pela postura que ele deve permanecer onde está. Agora dê um pequeno passo para trás, permaneça lá durante alguns segundos e depois avance novamente. O cachorro é imediatamente recompensado por ficar colocado. Se um passo atrás tiver funcionado bem, pode gradualmente escolher uma distância maior e assim aumentar o tempo que o cachorro permanece sentado. A dada altura, chegará o momento em que poderá deixar o jovem cão em paz.

O COMANDO "OFF

Outro comando importante é "Desligar" e isto não se aplica apenas quando se joga. Não importa o que o cachorro carregue, ele deve devolvê-lo imediatamente ao comando. O mesmo se aplica ao dar ou largar alimentos que se encontram na natureza. Pode salvar a vida de um cão. Para aprender este comando, é melhor brincar com o cachorro e um brinquedo que ainda se pode segurar quando o cachorro está a segurá-lo na boca.

Depois, estende-se com uma mão sobre o focinho, o que o fará soltar o brinquedo. E como com os outros comandos, diga "Desligar" nesse momento. Mais uma vez, o cachorro é recompensado com uma guloseima. caça curta ou animal de estimação. É muito importante que o cachorro saiba que receberá o seu brinquedo de volta assim que o deixar ir e que não desapareceu completamente. Após alguns exercícios, deixará de ser necessário alcançar o focinho do cachorro, porque o jovem cão jovem desistirá voluntariamente do objecto que tem na boca ao seu comando.

Especialmente nos primeiros dias, deve certificar-se de que o cachorro não é excessivamente desafiado fisicamente, a fim de evitar danos nos tendões e ossos na idade adulta. Quando a estação escura e húmida começa, é muito mais difícil exercitar suficientemente o cachorro. Depois pode muito bem jogar os "jogos de pensamento". São uma alternativa fantástica aos passeios a pé. Já publicámos um livro sobre este tema.

"NÃO!" TAMBÉM SIGNIFICA "NÃO!" - A PERSISTÊNCIA É IMPORTANTE NA FORMAÇÃO DE CACHORROS.

As palavras "Não - Off - Fie" devem ser internalizadas mesmo pelos cachorros mais pequenos. Normalmente, estas palavras já são pronunciadas com uma voz profunda e ameaçadora. E para os cachorros pequenos, estas palavras pronunciadas parecem frequentemente tão ameaçadoras que normalmente interrompem o seu comportamento. Se sublinhar as palavras com gestos apropriados, por exemplo, caminhando em direcção ao cachorro ou levantando o dedo indicador, está a sinalizar: o seu comportamento actual não é correcto!

Se o cão tiver então interrompido o comportamento indesejável, é crucial que se envolva com o jovem cão e o elogie - mesmo que seja apenas por uma pequena coisa. Isto deve deixar claro ao cachorro que as palavras "Não, Off, Fie" significam uma mudança de um comportamento indesejável para um comportamento desejável.

Seria mau, no entanto, se uma ameaça "fora" e a consequente interrupção da sua acção não fosse seguida de um pedido positivo. Porque então pode acontecer que o cachorro volte a cair no seu velho padrão de comportamento por frustração e insegurança, e não é isso que se quer. É claro que também deve ficar claro que o proprietário - uma vez pronunciado um "não" - se agarra a ele e não muda constantemente de ideias.

A TRELA INVISÍVEL

A natureza organizou-o perfeitamente para que o cachorro permaneça muito próximo da mãe até cerca do quarto mês. Ele não se afastará muito dela. Mas agora assumiu o papel da "mãe animal" e esta trela imaginária permanece entre si e o cachorro. Assim, pode deixar o cachorro saltar em segurança (não numa estrada). Ele não fugirá de si, mas segui-lo-á para onde quer que vá. Sempre desde que ele ainda seja pequeno. Tire partido disto e chame-o frequentemente durante o passeio e elogie-o excessivamente quando ele chegar. Mas nunca o prendam imediatamente, mas deixem-no correr de novo, logo o chamem de novo e sempre com uma recompensa quando ele vier. Desta forma, a aproximação torna-se uma questão natural. Só precisa de ser praticado.

À medida que o cachorro cresce, ele tornar-se-á cada vez mais inquisitivo e independente e tentará cada vez mais explorar o seu ambiente. Nunca o deixe sair da vista, mas chame-o sempre. Seria suficiente formar uma trela invisível entre si e o cachorro, para que o cachorro se certifique sempre onde está e não o contrário. Com a idade de cerca de cinco ou seis meses, o cão pode apanhar cheiros diferentes e começar a correr. É preciso ter especial cuidado aqui: Se ele já estiver a correr, dificilmente poderá influenciar o jovem cão. No entanto, se notar a tempo que ele está prestes a começar, chame-o imediatamente muito a sério e elogie-o quando ele chegar. Se, infelizmente, ele já está de pé e fora, só se pode esperar no local onde ele fugiu. Para si isto significa: esperar, esperar e esperar de novo. Se o jovem cãozinho finalmente voltar, por favor não cometa o erro de lhe bater ou repreendê-lo. Em vez disso, detenham-no sem dizer uma palavra, ignorem-no e sigam em frente.

Tenha sempre em mente: Um cão que se aproxima nunca deve ser castigado. Ele ficaria com as mãos brilhantes e a confiança perdida. Além disso, ao treinar um cachorro, é importante oferecer sempre ao animal algo para guardar. A protecção e a guarda pertencem aos instintos básicos dos cães e devem ser incluídas no treino de cães, tal como a grande vontade de se mover.

LIMITES CLAROS

Como em todas as raças de cães, é ainda mais importante com um cão de guarda estabelecer limites claros para ele. Se comparar o seu cão com um empregado da sua empresa, ficaria satisfeito por ver que ele é extremamente proactivo. Com o cão, no entanto, parece diferente: Aqui, esta auto-iniciativa nem sempre é procurada. Portanto, tem de ser um bom líder de matilha para o seu cão, mostrando-lhe para onde ir, o que fazer e o que se deve abster de fazer. É necessário estabelecer os limites e estes não devem ser ultrapassados. Tem de ser muito consistente aqui, porque se abrir excepções, o seu cão continuará como lhe apetece neste momento.

TRABALHAR COM ESPAÇO LIVRE

Com toda a consistência com que deve enfrentar o seu cão de guarda, deve também dar-lhe um espaço ímpar. Isto significa que nunca se deve "intimidá-lo". Não proíba ao seu animal tudo o que ele está a fazer. Evidentemente, isto só se aplica se não se tratar de actos relevantes em termos de segurança.

Se você proibir constantemente o seu cão de fazer algo, ele acabará por deixar de o levar a sério e não reconhecerá as suas qualidades de liderança. Por isso, permitir-lhe que se divirta um pouco.

MANTENHA A CALMA

Vai certamente encontrar-se em situações com o seu cão de guarda em que ele o quer proteger. Ele fá-lo-á quando sentir perigo para si e para o seu ambiente; e fá-lo-á sem lhe ser pedido, porque está no seu sangue.

No entanto, se não houver nenhuma situação perigosa, deve ser capaz de cancelar o seu cão para que não se agrave.

O mais importante para si agora é manter-se calmo. Por mais difícil que seja para si, gritar ou gesticular selvagemmente com os seus braços não é muito eficaz e é mesmo contraproducente. O seu comportamento zangado só fará com que o seu cão se sinta confirmado e ele continuará. Se está excitado, é natural que o seu cão também esteja excitado.

Por isso, mantenha-se calmo. Esta é a única forma de conseguir que o seu cão se comporte. Dê-lhe comandos consistentes, tenha confiança no seu animal para que ele o reconheça como o líder e chefe da matilha e solte o seu plano.

Cães de pastoreio em casa

CRIAÇÃO DE ESPÉCIES ADEQUADAS À ESPÉCIE

Por favor informe-se fundamentalmente sobre as condições de guarda de um cão de guarda antes de adquirir um. Deve também possuir as qualificações necessárias. Em alguns estados federais, manter um cão de guarda só é permitido com um certificado de competência correspondente, porque um cão de guarda é muitas vezes considerado um cão potencialmente perigoso e é listado como um chamado "cão da lista".

Com demasiada frequência, estes belos animais acabam num abrigo porque muitas coisas não foram consideradas e o proprietário não se dá bem com o animal. A longo prazo, a alma do cão afectado será destruída se tiver de se adaptar a novos donos repetidamente, é simplesmente demasiado sensível para isso.

Pense antecipadamente se consegue conciliar os seus hábitos e circunstâncias de vida com a manutenção de um cão tão especial. Com a aquisição, as mudanças terão lugar na sua vida - tanto positivas como negativas.

Um cão de guarda não pertence definitivamente a um apartamento na cidade. Não seria impossível com um emprego apropriado, mas se tal entretenimento é sempre garantido seria a segunda questão. Além disso, as possibilidades de movimento são muito limitadas durante a sua ausência (certamente não estará em casa durante 24 horas sem interrupção). Durante uma tal situação de vida, deve abster-se de arranjar um cão de guarda, mais cedo ou mais tarde este não se sentirá confortável.

O melhor pré-requisito para uma raça de cão deste tipo é um jardim grande e bem vedado. Neste caso, bem vedado significa que a vedação pode facilmente ter dois metros de altura, porque um cão de guarda grande pode facilmente saltar sobre uma altura de 1,60 metros. Melhor ainda: o jardim é protegido com cercas de privacidade, porque um cão de guarda "segura" não só o seu próprio quintal, mas toda a área que consegue ver. Assim, se ele consegue ver toda a propriedade, também protege toda a propriedade e uma vedação não é um obstáculo para ele.

A melhor situação, contudo, seria um quintal (agrícola) com animais agrícolas adequados, que ele também pode proteger e guardar. Aqui há trabalho suficiente para ele e não lhe faltará exercício. Se tiver essa situação de vida, pode integrar muito bem o seu cão de guarda na vida quotidiana. Aqui, o ambiente doméstico também deve ser apropriado para um cão tão grande.

UTILIZAÇÃO DA CAPACIDADE

Se for um dos felizes grandes proprietários com muito gado, dificilmente terá quaisquer problemas em manter o seu cão de guarda ocupado. Devido ao seu instinto natural de protecção, ele irá guardar os seus animais dia e noite e defendê-los em caso de perigo iminente. É esse o seu trabalho, é para isso que ele vive e é tudo o que precisa.

Não tem uma grande propriedade nem muitos animais de quinta em sua casa e ainda quer oferecer uma boa casa a um cão de guarda? Isto é bem possível, porque em vez do rebanho de gado, o cão actuará o seu comportamento protector para consigo e para a sua família; e não deve negar-lhe esta oportunidade.

Portanto, o maior requisito para um cão de guarda é uma grande propriedade ou um grande jardim. Aqui ele pode prosperar como cão de guarda e prosseguir a sua actividade favorita: proteger a sua família (humana) e os seus bens.

Gostaria de lhe oferecer algo mais do que apenas ficar deitado no jardim o dia todo e tomar conta dele? Bem, depende da raça de cão de guarda que tiver acolhido em casa.

Algumas raças gostam de longas caminhadas, mas outras raças não estão muito entusiasmadas com elas. Se levar o seu cão para o meio selvagem, esteja ciente do instinto de protecção inato do animal, porque ele vai querer protegê-lo de todas as pessoas e animais estranhos lá fora.

Há certamente um ou dois desportos caninos, mas também aqui tem de ver se o seu cão de guarda é adequado para eles. Muitas destas raças de cães não o são, porque lhes falta a agilidade e mobilidade necessárias devido ao seu tamanho.

O mesmo se aplica aos jogos de "fetch" ou "sticks". O interesse nisto dificilmente está presente nos cães de guarda e a ânsia de aprender e a obediência também faltam para tais jogos.

Alguns cães de guarda são adequados para o trabalho de localização e também se divertem nele. Talvez o seu amigo de quatro patas encontre realização no trabalho de resgate de cães e goste de completar tal treino.

Portanto, como vê, encontrar uma actividade alternativa e adequada à espécie para um cão de guarda não é assim tão fácil. Basta experimentar com o seu cão para ver se ele gosta ou não de alguma das actividades.

DESPORTOS CANINOS

A maioria dos cães de guarda dificilmente são adequados para um desporto canino. É da sua natureza deitar-se numa posição elevada a maior parte do tempo durante o dia e observar o ambiente circundante. Só quando sentem o perigo é que se tornam activos e sobem. Isto pode parecer bastante preguiçoso para um observador, mas não é. Esta guarda e protecção é o trabalho de um cão de guarda.

Já por causa da sua estatura externa, não são adequados para desportos que envolvam velocidade e destreza. A obediência de um cão de guarda também deixa muito a desejar, de modo que os desportos em que o cão tem de obedecer a ordens não são possíveis. Porque se um cão de guarda não tiver vontade, não participará. Estes cães quase não vêem qualquer ponto em tais "shenanigans" e uma vez que estão habituados a tomar decisões autónomas, a decisão será normalmente: "É melhor deixar isto e ir guardar o meu território".

Talvez consiga persuadir o seu cão de guarda a dar um passeio. Mas esqueça o jogging ou o ciclismo, um cão de guarda não tem desejo disso. Ele avançará a um ritmo mais lento, porque também está na sua natureza conservar a sua força e geri-la bem.

Tente tarefas que exijam que o seu cão active o seu sentido de olfacto. Farejar alimentos ou guloseimas pode ser bem sucedido e trazer um pouco de variedade à rotina diária do tutor. Talvez uma pessoa conhecida do cão possa ser encontrada escondida algures e deixar o cão procurá-los. No entanto, isto não funcionará com estranhos, porque, tal como já experimentou, os cães de guarda tendem a desconfiar dos estranhos.

A actividade mais apropriada de todos os cães de guarda é guardar e proteger. Um cão assim deve ser autorizado a viver esta necessidade. Por conseguinte, deve oferecer-lhe esta oportunidade e proporcionar-lhe uma grande área onde ele possa fazer o que lhe apetecer.

PROBLEMAS COM O CÃO DE GUARDA?

Todas as raças associadas de cães pastores estão a tornar-se cada vez mais populares. Por vezes é possível admirar tais raças nos desportos caninos, mas isto deve ser uma grande excepção. Aqui é mais provável que encontre o pastor ou os cães de pastoreio. Na sua maioria, como outros cães, são mantidos em famílias como companheiros fiéis.

Infelizmente, é também aqui que se encontra a maioria dos cães problemáticos, porque muitas pessoas não sabem como manter tais cães, especialmente cães de guarda. Inevitavelmente, estes cães acabam cada vez mais frequentemente em abrigos para animais ou os seus donos têm de procurar ajuda em escolas de cães ou junto de psicólogos caninos. Descubra agora porque é assim e o que pode fazer como dono de um cão de pastoreio com problemas de comportamento.

Antes de mais, deve compreender o que é um cão de guarda. Ele não é um cão de pastoreio, mas protege o seu rebanho. Ele está presente no rebanho dia e noite e guarda os animais e o seu ambiente. Um cão de guarda não depende de instruções do pastor, actua e toma decisões por si próprio, pelo que não é absolutamente necessário que esteja presente um "guardião" humano.

Os cães de protecção de rebanho trabalham pelo menos aos pares, idealmente um cão velho juntamente com um cachorro, para que o cachorro possa ser treinado. É claro que o animal adulto já deve ser um excelente cão de guarda em si.

A maioria dos problemas com estes cães ocorre quando eles não foram devidamente socializados. Então pode acontecer que o cão não fique com o seu rebanho ou, o que seria ainda pior, que o cão vá imediatamente ao ataque quando vê o perigo. Isto pode causar grandes lesões a andarilhos insuspeitos. Além disso, o cão de guarda pode ter problemas com os cães de pastoreio que também estão presentes se não os aceitar como parte do rebanho.

O treino adequado de um cão de guarda define o curso para o seu carácter futuro. Se tiver sido suficientemente socializado e condicionado ao seu rebanho e aos cães de companhia, também os guardará e defenderá. Além disso, um cão de guarda bem treinado é também capaz de reconhecer o perigo ou de tomar a decisão de que este mesmo caminhante com os seus pequenos Fiffi não é esperado que prejudique o rebanho. Para garantir isto, a criação correcta dos cachorros é da maior importância. Um criador experiente destas raças sabe o que é importante e irá introduzir bem os mais pequenos na sua vida futura. Portanto, as ofertas supostamente baratas de criadores privados devem ser desconsideradas, porque aqui o perigo de se conseguir um cão problemático é grande.

Mas o dono que irá então tomar conta deste cachorro deve também ser capaz de oferecer ao cão uma vida adequada à espécie, e para que não haja incidentes com turistas descuidados, os avisos devem também ser sempre afixados onde os cães de guarda são utilizados como guardas.

Mas agora é também necessário "controlar" estes cães. Este é provavelmente o maior problema. Os cães de guarda não são muito domesticados, têm pouca vontade de aprender e não se subordinam. Eles "apenas" querem guardar e defender. Para o fazerem eficazmente, nunca estão sozinhos. Já é difícil controlar um cão de guarda, como pode isto funcionar com uma matilha inteira de cães tão fortes? - A menos que estejam realmente 100% bem treinados, não estão de todo treinados.

E agora, o mais tardar, coloca-se a questão: Quem é responsável se o cão de guarda morder? Antes de mais, claro, como proprietário, mas existem diferenças consideráveis, que são reguladas no § 833 do Código Civil.

A frase 1 regula a criação de animais de luxo e a frase 2 a criação de animais profissionais que servem o sustento do proprietário dos animais. Se ocorrer agora um incidente com um cão de pastoreio, a legislação prevê, no caso de manter animais de luxo, que o dono do cão deve provar que cumpriu todas as obrigações para que a companhia de seguros resolva o sinistro. Isto é susceptível de ser bastante difícil. No entanto, no caso da guarda de animais profissionais, a inversão legal do ónus da prova entra em jogo e a pessoa ferida pelo cão tem de provar que o dono do cão violou o seu dever de cuidado.

Se o seu cão apresentar problemas de comportamento, deve primeiro descobrir a causa. Talvez seja devido à forma como o seu cão é mantido ou à comida que lhe é dada. Pense em todas as possibilidades que se colocam em questão.

As anomalias também podem ser causadas por problemas de saúde. Se puder descartar a criação e a alimentação como causa, leve o seu cão de guarda a um veterinário. Ele examinará minuciosamente o seu animal. Se for detectada uma condição médica que possa ter levado ao comportamento incomum do seu cão, o seu veterinário iniciará o tratamento adequado.

No entanto, se o exame veterinário também não revelar nada, não poderá evitar encontrar um bom psicólogo de cães para poder ajudar o seu animal.

A criação original e o ambiente de um cão de pastoreio

Para compreender possíveis problemas com o seu cão de pastoreio, deve considerar, em primeiro lugar, porque existe um cão de pastoreio. Porque foi criado da forma como é hoje? Se souber disto, será capaz de se livrar de algumas das coisas desagradáveis, nomeadamente mantendo, treinando e deixando o seu cão viver consigo da forma que lhe é destinada. Continue a ler e obterá muita informação adicional sobre o seu cão de pastoreio.

No entanto, é necessário diferenciar entre as várias tarefas. Um cão de guarda tem a tarefa de proteger uma manada de atacantes. Para garantir isto, os cães crescem com estes animais, os quais devem proteger mais tarde. Isto significa que os cachorros já nasceram no celeiro. Conhecem o rebanho desde tenra idade e aprendem com os seus pais como protegê-lo. Dia após dia, os cães acompanham o rebanho, independentemente do tempo, e não deixam nada nem ninguém chegar perto deles. Se um atacante não puder ser perseguido por latidos ou gestos ameaçadores, são utilizados os dentes.

Hoje em dia, como há cada vez mais lobos na Alemanha, este tipo de cão tornou-se novamente muito importante. É por isso que são cada vez mais frequentemente utilizadas no seu objectivo original nos rebanhos.

Este cão de guarda está portanto habituado a estar ao ar livre em todas as condições meteorológicas e a fazer aqui o seu trabalho protegendo os animais que lhe são confiados ou a quinta do seu dono ou toda a sua família. Ele faz isto sem ser convidado, por isso não espera por uma ordem sua. Se este cão não tiver de realizar nenhuma destas tarefas, deve ser ocupado de uma forma diferente para que não ocorram distúrbios de comportamento. No entanto, como isto é dificilmente possível, os primeiros problemas com o cão de guarda já podem ocorrer.

Um cão de pastoreio conduz uma manada de animais da quinta de um lugar para outro. Hoje em dia, é mais provável que tais tarefas se encontrem em regiões montanhosas, onde manadas inteiras de vacas ainda são levadas para outros pastos. Este cão gosta de se mexer e quer ser desafiado em conformidade. Se não for este o caso, podem ocorrer problemas de comportamento.

Um cão de pastoreio assegura-se de que o rebanho permanece junto. É também responsável por seleccionar animais individuais do rebanho ou por trazer de volta os animais do rebanho perdidos. Tais raças podem ser mantidas "nos dedos dos pés" comparativamente facilmente com outros métodos de emprego.

Todos estes requisitos estão geneticamente ancorados em cães de pastoreio, razão pela qual a criação tem sido e continua a ser efectuada exactamente com estas raças, de modo a que estas características sejam preservadas. No entanto, é precisamente por esta razão que os problemas surgem frequentemente, porque as necessidades de bred-in muitas vezes já não são necessárias hoje em dia. É aqui que você, como dono de um cão tão maravilhoso, é chamado. Informe-se bem sobre as características de comportamento do seu companheiro para que o possa manter e treinar em conformidade.

ENCONTRO COM UM CÃO DE GUARDA - O QUE FAZER?

Como caminhante descuidado e ignorante, talvez esteja de férias numa área apropriada, pode rapidamente acontecer que de repente se encontre num rebanho de ovelhas guardado por vários cães de guarda. Aprenderá como se deve comportar agora durante as seguintes linhas.

Se possível, descubra antes da sua caminhada planeada se são de esperar cães de guarda na sua rota. Na Suíça, por exemplo, é dada muita ênfase à educação do público para que não ocorram incidentes com cães de guarda. Os sinais podem ser encontrados ao longo de percursos pedestres ou de bicicleta. Estes mostram cartograficamente onde os cães de guarda estão presentes. Podem também mostrar onde estão disponíveis percursos alternativos para caminhadas ou ciclismo.

Se se aperceber antes do seu passeio que é provável que os cães de guarda estejam presentes na área onde planeia passear, não se esqueça de deixar o seu próprio cão em casa.

Deve manter-se muito atento ao seu ambiente durante a caminhada, a fim de poder evitar encontrar um rebanho de ovelhas a pastar livremente. Caminhe num arco muito largo à sua volta se descobrir uma manada assim.

Se não puder evitar um encontro com este rebanho, mantenha a calma e não assuste as ovelhas em circunstância alguma. Atrairia a atenção dos cães de guarda e quer evitar isso. Tentar manter a maior distância possível do bando e dos cães.

Também não assustar os cães de guarda. Deve chamar a atenção para si à distância, falando alto, para que os cães não o ataquem de surpresa. Se os cães de guarda não virem qualquer perigo em si, só o observarão até que se afaste novamente do rebanho.

Se estiver a pé, passe lentamente pelo rebanho. Se tiver uma bicicleta consigo, empurre-a de modo a que os cães de guarda se apercebam de que não lhe está a fazer mal.

Se chegar muito perto do rebanho, é possível que os cães de guarda corram na sua direcção. Provavelmente ladrarão e poderão também bloquear o seu caminho para que não se aproxime dos cães de guarda. Parar e permanecer calmo para que os cães possam avaliar a situação. Os guardiões experientes aperceber-se-ão rapidamente de que não quer dizer mal ao rebanho e deixá-lo-ão seguir em frente. No entanto, até se ter afastado o suficiente novamente, será vigiado de perto.

Os cães de guarda enviam sinais de aviso claros antes de atacarem. Não deve ignorá-los e certamente não deve tentar passar pelos cães de qualquer forma. Não terá sucesso. Espere um momento. Se os cães não se acalmarem, retirem-se para vossa própria segurança. É melhor fazer isto andar para trás, evitando qualquer contacto visual com os cães de guarda. Se não conseguir passar o rebanho a uma grande distância, é melhor voltar atrás e tomar outra rota para o seu destino.

Se você e o seu próprio cão encontrarem acidentalmente um rebanho de ovelhas ou cabras guardadas por cães de guarda durante a caminhada, prenda imediatamente o seu animal com trela. Não avance mais em circunstância alguma, mas volte para trás. Mostre aos guardas que você e o seu cão não estão interessados no bando, retirando-se imediatamente e afastando-se para longe do bando.

MITOS E CONTOS DE FADAS

De facto, muitos mitos e contos de fadas estão a circular à volta do cão de guarda. Este capítulo visa esclarecer mais uma vez o que corresponde à verdade e o que se pode colocar na gaveta como um conto de fadas.

Os cães de guarda são predominantemente cães muito grandes e fortes. São, portanto, capazes de guardar e proteger um rebanho de gado. A sua aparência e forma de comportamento são bastante suficientes para pôr potenciais inimigos a voar ou mesmo para matar um único lobo. No entanto, são necessários vários cães aqui. Não importa o que possa ter ouvido ou lido, um cão sozinho não pode prevalecer contra uma matilha inteira de lobos ou mesmo de ursos.

Isto também se aplica ao cão tibetano. Se já leu sobre o tema dos cães de guarda em geral, também terá lido sobre esta raça. Estes cães têm uma aparência muito impressionante, lembrando um leão, e são conhecidos como guardiães de mosteiros e aldeias inteiras no Tibete. Mas mesmo eles não podem pôr o "Yeti" a voar. Entretanto, revelou-se provavelmente como um urso castanho tibetano e pesa cerca de 500 kg. Nem mesmo um cão tibetano forte pode fazer nada contra ele, ele afundaria sem um som.

Um cão de guarda não é, portanto, uma criatura miraculosa, mas também apenas um cão. Por si só, não pode fornecer a protecção necessária para uma manada; isto requer sempre vários cães que possam trabalhar bem em conjunto.

Fédération Cynologique Internacionale - FCI

Leram repetidamente sobre o FCI neste guia. O que é e para que é utilizado, pode descobrir aqui. Na Alemanha, existe a "Verband für das Deutsche Hundewesen" (Clube Alemão de Canicultura). Este é um grupo de interesse para todos os donos de cães. Tudo o que tem a ver com desportos caninos ou criação de cães passa por esta associação. Além disso, a VDH serve como uma organização guarda-chuva para os muitos clubes de criação de cães individuais que estão aqui registados como membros. Um total de mais de 250 raças diferentes estão agora representadas e listadas. A criação de cães só pode ter lugar sob o controlo da VDH, porque a VDH emite mais tarde os papéis correspondentes para os cachorros. Orientações estritas aplicam-se às raças individuais, especialmente no que diz respeito à saúde dos cães e ao bem-estar dos animais. Estes são estabelecidos como padrões e os animais reprodutores devem cumpri-los a fim de serem aprovados para reprodução.

Para que as raças aprovadas na Alemanha sejam reconhecidas a nível mundial, devem também ser listadas e aprovadas na FCI, a "Organização Mundial de Cinologia". A cada país é permitido um representante, para a Alemanha este é o VDH. No total, 99 países membros estão representados no FCI e mais de 350 raças diferentes são reconhecidas. Os padrões da raça são supervisionados pelos países de onde a respectiva raça é originária. A Alemanha estabelece os padrões para 32 raças de cães e também emite os pedigrees para eles.

Para que estes pedigrees sejam reconhecidos a nível mundial, as respectivas raças devem ser registadas no FCI. Aqui existem diferentes grupos, que por sua vez estão divididos em secções individuais.

- **Grupo 1**: Cães de pastoreio e cães de gado, excepto cães suíços de montanha e cães de gado.
- **Grupo 2**: Pinscher e Schnauzer - Molosser - Cães de Montanha e Gado suíços
- **Grupo 3**: Terrier
- **Grupo 4**: Teckel
- **Grupo 5**: Spitz e cães do tipo primitivo
- **Grupo 6**: Cães de corrida, cães de caça e raças afins
- **Grupo 7**: Cães apontadores
- **Grupo 8**: Cães de recuperação - Cães de recuperação - Cães d'água
- **Grupo 9**: Cães de companhia e sociais
- **Grupo 10**: Greyhounds

Sheepdogs and Cattle Dogs
by FCI section

Palavras finais

Trabalhou neste guia até ao fim. Aprendeu tudo o que há para saber sobre cães de guarda.

Agora tem de decidir se quer obter um animal assim ou se prefere optar por uma raça de cão convencional.

Nunca se deve esquecer que os cães de guarda, independentemente da raça que sejam, são animais muito especiais. Não são de modo algum comparáveis a outras raças "normais" de cães domésticos.

Um cão de guarda por natureza tem um grande instinto de protecção e de guarda e deve ser capaz de viver este instinto. Assim, um dos pré-requisitos mais importantes para manter uma raça deste tipo é pelo menos um jardim muito grande, que deve ser bem vedado.

Além disso, um cão de guarda não pertence às mãos de principiantes. É necessário um grande know-how para dirigir este feixe de força na direcção certa.

Um cão de guarda só pode ser utilizado como cão de família numa medida limitada. São muito orientadas para as pessoas e precisam da proximidade social dos seus proprietários, mas muitas raças não são necessariamente muito amigas das crianças. Se o forem, não deixa de ser perigoso, porque os cães de guarda são imponentes em tamanho e podem facilmente representar um risco de ferimento para as crianças, mesmo que não seja intencional.

Então o ambiente da pecuária deve ser coerente. Numa zona residencial densamente povoada, podem surgir problemas que nunca antes foram considerados. Deve ter vizinhos muito tolerantes e amigos dos cães para que não haja fricção.

Se considerar estes pontos e chegar à conclusão de que um cão de guarda lhe convém a si e à sua família, então, apesar de todas as circunstâncias que virão ao seu encontro (e eles virão, conte com isso), terá ao seu lado um guardião lindo, cheio de carácter e amoroso. Outra vantagem é que quase nenhum ladrão ousará entrar na sua propriedade enquanto este cão estiver em casa consigo.

Fontes

Vários autores (sem data indicada): Cães pastores. Em: Shepherd dog - Wikipedia

Vários autores (sem data indicada): Cão de pastoreio. Em: Cão de guarda - Wikipedia

Hundeo GmbH (2021): Cães de pastoreio. In: Herding Dogs in Portrait (Com Fotos + Perfil) (hundeo.com)

Nenhum autor dado (2021): FCI Grupo 1: Pastoreio e Cães de Gado. Em: FCI Grupo 1: Pastoreio e Cães de Gado | zooplus

Nenhum autor dado (2021): Grupo FCI 2: Pinscher e Schnauzer / Molossian. Em: FCI Grupo 2: Pinscher e Schnauzer / Molosser | zooplus

Nenhum autor dado (2014 - 2021): Cães de pastoreio, cães de pastoreio, cães de pastoreio: diferença? In: Cães de pastoreio, cães de pastoreio, cães de pastoreio: Diferença? (einfachtierisch.de)

Doris Roth (2019): Retrato da raça: pastoreio e cães de pastoreio por Doris Roth. In: Retrato da Raça: Herding and Shepherd Dogs by Doris Roth - Easy Dogs (easydogs.net)

Michaela Wolf (2018): Retrato da raça dos cães de guarda: como são eles realmente? In: Retrato da raça dos cães de guarda: como são eles realmente? - Easy Dogs (easydogs.net)

Linea Muhsal (2016): Cães de Protecção de Rebanho - Atitude e Educação. Em: Herd Protection Dogs - Características e atitude (hundetrainer-netzwerk.com)

Marius Beilhammer (sem tempo indicado): Cães de Protecção de Rebanho: Raças, Carácter e Educação. Em: Herd Protection Dogs: Raças, Carácter & Educação - Dog Bible

Anett Hansemann (sem tempo dado): Der Herdenschutzhund, Fluch oder Segen? In: O cão de guarda, maldição ou bênção? (alpakas-zucht.de)

Nenhum autor dado (nenhum tempo dado): Cães de protecção de rebanho - melhor protecção para ovelhas. Em: Herd Protection Dogs - Melhor Protecção para Ovelhas (bund-naturschutz.de)

Nenhum autor dado (nenhum tempo dado): Gesellschaft zum Schutz der Wölfe e. V. sobre o tema dos cães de guarda. Em: HSHEndversionfertig.doc (d-w-v.de)

Nenhum autor dado (nenhum tempo dado): Verband für das deutsche Hundewesen. In: Sobre nós " VDH.de

Sem indicação do autor (sem indicação de tempo): Maremma-Abruzzo Sheepdog. In: Maremma-Abruzzo Sheepdog " Enciclopédia da Raça VDH 2021

Nenhum autor dado (2021): Maremma-Abruzzo Sheepdog. In: Maremma-Abruzzo Sheepdog (temperamento, nutrição, cuidados) (hundeo.com)

Nenhum autor dado (2021): Cão da montanha dos Pirenéus. In: Cão da Montanha dos Pirenéus: Clubes & Criadores " VDH.de

Marcel Hammerich (2017): Cão da montanha dos Pirenéus. In: Cão de Montanha dos Pirenéus - Perfil, Carácter, Temperamento e Criação (edogs.de)

Christoph Jung (2017): Kuvasz num retrato de raça. In: O cão Kuvasz num retrato de raça | Revista ZooRoyal

Vários autores (sem data indicada): Kuvasz. Em: Kuvasz - Wikipedia

Sem indicação do autor (sem indicação de tempo): Kuvasz. In: Kuvasz " Enciclopédia da Raça VDH 2021

Sem indicação do autor (sem indicação de tempo): Kuvasz. In: Kuvasz: Clubes & Criadores " VDH.de

Christoph Jung (2016): Retrato da raça do Owtscharka caucasiano. In: Retrato da raça do Owtscharka Caucasiano | ZooRoyal Magazine

Sem indicação do autor (sem indicação de tempo): Cão Pastor Caucasiano. In: Cão Pastor Caucasiano " VDH Breed Encyclopaedia 2021

Christoph Jung (2017): Kangal num retrato de raça. In: O Kangal num retrato da raça - Tudo sobre o cão pastor anatoliano (zooroyal.de)

Nenhum autor dado (1997 - 2021): Aïdi carácter, educação e atitude. In: Aidi Wesen & Charakter , Bild und Beschreibung - Hunderassen A (welpen.de)

Nenhum autor dado (nenhum tempo dado): Aïdi. In: Aidi, Chien de l'Atlas, Berger de l'Atlas, Cão Ovino Marroquino - Raça de Cão & Fotos - hundund.de

Nenhum autor dado (2016): Aïdi. In: Aïdi: Todas as informações e dicas sobre a raça (einfachtierisch.de)

Nenhum autor dado (nenhum tempo dado): Descrição da raça Aïdi. In: Aïdi " Descrição da raça do cão de Marrocos (luckys-welt.ch)

Vários autores (sem data indicada): Polski Owczarek Podhalanski. Em: Polski Owczarek Podhalanski - Wikipedia

Nenhum autor dado (2021): Polski Owczarek Podhalanski. In: Polski Owczarek Podhalanski (Tatra Sheepdog) - Raças de cães - Guia de cães (hunde-zone.at)

Vários autores (sem data indicada): Cão pastor de Bergamo. Em: Bergamo shepherd dog - Wikipedia

Nenhum autor dado (2015 - 2021): Descrição da raça Bergamasker. Em: Breed description Bergamasker (kfuh.de)

Nenhum autor dado (nenhum tempo dado): Bergamo Shepherd Dog. In: Bergamo Shepherd Dog " Enciclopédia da Raça VDH 2021

Vários autores (sem data indicada): Grande Cão da Montanha Suíço. In: Greater Swiss Mountain Dog - Wikipedia

Christoph Jung (2016): Retrato da raça do Grande Cão de Montanha Suíço. In: Retrato da raça do Grande Cão de Montanha Suíço | ZooRoyal Magazine

Sem indicação do autor (sem indicação de tempo): Grande Cão da Montanha Suíço. In: Greater Swiss Mountain Dog - tudo o que precisa de saber! (haustierratgeber.de)

Vários autores (sem data indicada): Cão da montanha Bernês. Em: Bernese Mountain Dog - Wikipedia

Nenhum autor dado (nenhum tempo dado): Os Berneses. Em: The Dog - RG Dürrbach (duerrbach.ch)

Vários autores (sem data indicada): Appenzeller Sennenhund. Em: Appenzeller Sennenhund - Wikipedia

Nenhum autor dado (2021): Perfil de Appenzeller Sennenhund. In: Appenzeller Sennenhund Profile | Character, Care & Husbandry (mein-haustier.de)

Vários autores (sem data indicada): Entlebucher Sennenhund. Em: Entlebucher Sennenhund - Wikipedia

Nenhum autor dado (nenhum tempo dado): Entlebucher Sennenhund. In: Entlebucher Sennenhund Character, Husbandry & Care | zooplus

Vários autores (sem data indicada): Cão pastor alemão. Em: cão pastor alemão - Wikipedia

Nenhum autor dado (2021): Qual é o papel do cão de guarda? In: Os grandes predadores

Nenhum autor dado (2010): A utilização de cães de guarda. Em: Microsoft Word - 100701 HG_Herdenschutzhunde KE (wwf.de)

Sven Kohler (2021): Criação de um cão de guarda: É assim que funciona. In: Herdenschutzhund Erziehung | Tipps für ein gutes Zusammenleben (hundefreunde24.de)

Nenhum autor dado (nenhum tempo dado): Cães de protecção de rebanho. Em: Herd Protection Dogs - Hundezentrum-Elbetal

Nenhum autor dado (nenhum tempo dado): Sobre cães de guarda. In: Sobre cães de guarda - hundepeter.de

Andreas Kalus (2020): Manter os cães de guarda ocupados: Como tirar a tensão do animal. In: Manter os cães de guarda ocupados: Como tirar a tensão do animal | FOCUS.de

Robert Bradley (2021): Emprego e exercício para o Kangal. In: Emprego e Exercício para o Kangal Dog.plus

Nenhum autor dado (nenhum tempo dado): Cães de protecção de rebanhos para afastar os intrusos. In: Cães de protecção de rebanho para defesa contra intrusos - LfL (bayern.de)

Johann Fruth (2019): Cães de guarda de rebanho - os problemas são pré-programados. Em: Herd protection dogs - trouble is pre-programmed | Bayerisches Landwirtschaftliches Wochenblatt (wochenblatt-dlv.de)

Nenhum autor dado (nenhum tempo dado): Cão de protecção do rebanho. In: " Herdenschutzhundhilfe.de (cão de protecção de rebanho)

Vários autores (2016): Nutrição do cão de guarda. In: Nutrição do cão de guarda - Healthy Dogs Forum

Mirjam Eisank (2015): Cães de Protecção de Rebanho em Serviço: Criação, Pecuária, Distribuição, e Desafios Associados. Em: Herd Protection Dogs (chwolf.org)

Vários autores (nenhum ano dado): Komondor. Em: Komondor - Wikipedia

Nenhum autor dado (2021): Komondor. Em: Komondor character, keeping & care - Descrição da raça | zooplus

Sem indicação do autor (sem indicação de tempo): Aparência e Essência. In: Aspecto e Essência (akbash.de)

Nenhum autor dado (nenhum tempo dado): Retrato da raça Akbash. Em: Akbash - perfil, classe FCI, temperamento e muito mais! | Revista Pet

Vários autores (sem data indicada): Slovensky Cuvac. Em: Slovenský čuvač - Wikipedia

Irene Kammerl (2018): Der Gebirgshirtenhund. In: Der Gebirgshirtenhund - Club Slovensky Cuvac e. V. (club-slovensky-cuvac.de)

Impressão

Cães de pastoreio.
A melhor segurança para os seus animais de quinta.
© Copyright 2022
M. Mittelstädt, Sherif Khimshiashvili Street N 47 A, Batumi 6010, Georgia

All Rights Reserved.

© copyright 2022 Luis Silva

Lightning Source UK Ltd.
Milton Keynes UK
UKHW021554020922
408223UK00010B/854